地形で読み解く古代史

関 裕二

KKベストセラーズ

はじめに

もし仮に、戦国時代の武将や諸葛孔明《しょかつこうめい》のような軍師を連れてきて日本の古代史の謎を解かせたら、すいすいと、答えを出してしまうのではあるまいか。

たとえば、白村江《はくすきのえ》の戦い（六六三）から四年後の天智《てんち》六年（六六七）に、中大兄皇子《なかのおおえのみこ》は都を近江に移し、即位する（天智天皇）。これが、大津宮《おおつのみや》だ。この時、民は遷都を非難し、「水流れ（失火、放火）」が絶えなかったという。不穏な空気が流れていた。それでも、中大兄皇子は遷都を強行したのだ。差し迫った事情があったのだろう。

戦後の史学者たちは、その理由を、「唐や新羅の大軍が攻めてきたときのために」といい、また「琵琶湖を利用した交通の便がよかったから」という。しかし、諸葛孔明は、それを聞いて、腹を抱えて笑うにちがいない。

「唐と新羅敵が攻めてくるなら、瀬戸内海を東に進むであろう。ならば、ヤマトに留まるべきでしょう。西側の山塊《さんかい》が、城の役目を果たします。大軍の襲撃ならなおさらのこと、ヤマトを手放すべきではありません」

と、諸葛孔明は即座にそういったあと、中大兄皇子の策の裏側を読み解こうとするだろう。普通なら考えられない場所に宮を建てているからだ。

最大の謎は、なぜ、瀬田《せた》川（宇治《うじ》川）の西側のネコの額のような細い土地に陣取ったのか、である。

天然の要害・奈良盆地を手放してまで選んだ場所が大津宮であり、大きな利点がなければおかしい。

「大軍が西から攻めてくるのなら、これは、背水の陣になってしまう。中大兄皇子は、よほどの暗愚か……？」

奈良時代になると安寧が訪れ、近江の国府は、瀬田川東側の土地の開けた場所に建てられている。防備と地の利を考えれば、これが自然なのだ。とすれば、やはり、大津宮の立地には、何かしらの意味が込められていたはずだ。

そこで、諸葛孔明に、柿本人麻呂《かきのもとのひとまろ》の万葉歌を読んで聞かせる。

「大津宮は、すぐに廃墟になったのか」

と、驚くだろう。そこで、壬申《じんしん》の乱（六七二）の原因と経過と結果を教えれば、諸葛孔明は目を輝かすだろう。

「なるほど。中大兄皇子は、いずれ東から大海人皇子《おおあまのみこ》軍が攻めてくることを予知していたのです。だから、大津宮を選んだのでしょう‼　最終決戦場が瀬田の唐橋《からはし》になったのは、必然だったのです」

と、答えるだろう。

なぜこんなに明解な答えを諸葛孔明はみちびきだせたのか……。

それは、地理と地形から歴史を読み解くからなのだ。それは、戦略であり、生き残りのための選択でもあるのだ。

地理と地形から読み解く古代史の謎を、はじめよう。

写真／関裕二
地図製作／アクアスピリット

古代天皇系図

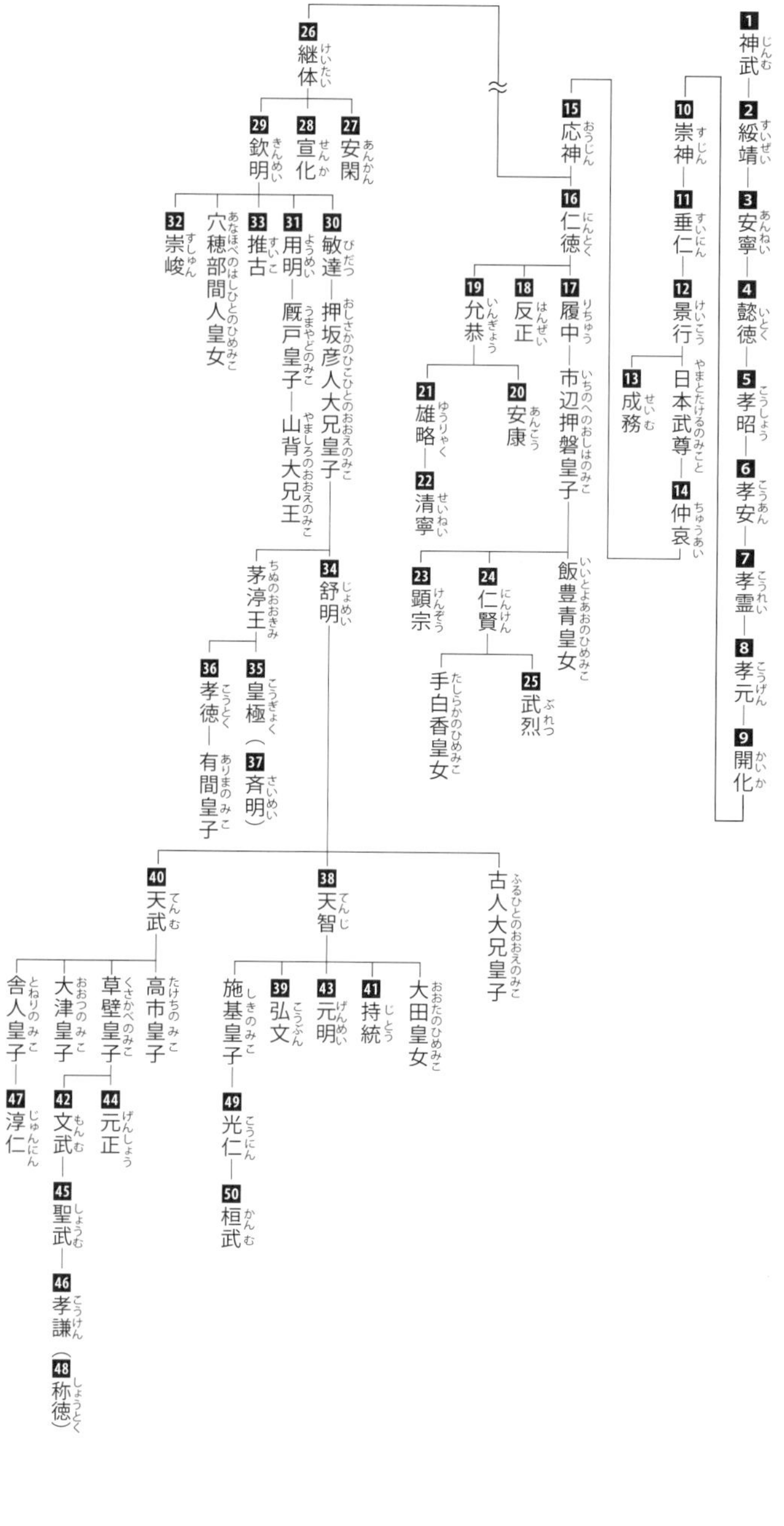
1 神武《じんむ》
2 綏靖《すいぜい》
3 安寧《あんねい》
4 懿徳《いとく》
5 孝昭《こうしょう》
6 孝安《こうあん》
7 孝霊《こうれい》
8 孝元《こうげん》
9 開化《かいか》
10 崇神《すじん》
11 垂仁《すいにん》
12 景行《けいこう》
日本武尊《やまとたけるのみこと》
14 仲哀《ちゅうあい》
13 成務《せいむ》
15 応神《おうじん》
16 仁徳《にんとく》
17 履中《りちゅう》
市辺押磐皇子《いちのへのおしはのみこ》
18 反正《はんぜい》
19 允恭《いんぎょう》
20 安康《あんこう》
21 雄略《ゆうりゃく》
22 清寧《せいねい》
飯豊青皇女《いいとよあおのひめみこ》
24 仁賢《にんけん》
23 顕宗《けんぞう》
25 武烈《ぶれつ》
手白香皇女《たしらかのひめみこ》
26 継体《けいたい》
27 安閑《あんかん》
28 宣化《せんか》
29 欽明《きんめい》
30 敏達《びだつ》
押坂彦人大兄皇子《おしさかのひこひとのおおえのみこ》
31 用明《ようめい》
厩戸皇子《うまやどのみこ》
山背大兄王《やましろのおおえのみこ》
33 推古《すいこ》
穴穂部間人皇女《あなほべのはしひとのひめみこ》
32 崇峻《すしゅん》
34 舒明《じょめい》
茅渟王《ちぬのおおきみ》
35 皇極《こうぎょく》（37 斉明《さいめい》）
36 孝徳《こうとく》
有間皇子《ありまのみこ》
古人大兄皇子《ふるひとのおおえのみこ》
38 天智《てんじ》
40 天武《てんむ》
大田皇女《おおたのひめみこ》
41 持統《じとう》
43 元明《げんめい》
39 弘文《こうぶん》
施基皇子《しきのみこ》
49 光仁《こうにん》
50 桓武《かんむ》
高市皇子《たけちのみこ》
草壁皇子《くさかべのみこ》
44 元正《げんしょう》
42 文武《もんむ》
45 聖武《しょうむ》
46 孝謙《こうけん》（48 称徳《しょうとく》）
大津皇子《おおつのみこ》
舎人皇子《とねりのみこ》
47 淳仁《じゅんにん》

第一章 ふたつの日本

日本に独裁者が現れなかった理由を地理で解く

日本人には、独裁者を排除するという習性がある。強大な権力を握る人物が現れても、すぐに消されてしまうのだ。そればかりか、国土が統一されることをも、嫌っていたのではないかと思える節がある。これは歴史が証明している。

「魏志倭人伝《ぎしわじんでん》」の冒頭に、次の一節がある（以下全て作者訳）。

倭人は帯方郡《たいほうぐん》（韓国のソウル付近）の「東南大海の中」にあり、山島に住み、国邑《こくゆう》をなしている。古くは百余国あって、漢の時代に朝見《ちょうけん》する者がいた。今使訳《しやく》が通じるところは、三十国だ……。

これは、中国が魏《ぎ》・呉《ご》・蜀《しょく》と三つの国に分かれていた時代（要は『三国志』のことだ）の日本の様子を描いている。

中国の人々から見れば、百、三十と、国が林立することが、興味深かったのではないだろうか。しかも、倭国王・卑弥呼《ひみこ》は、いくつもの国の王が集まって「共立した」と記されている。これはゆるやかな合議制を暗示している。だから彼らは、「なぜ、強大な王が立って、国土を統一しないのだろう」と、不思議に思っただろう。

逆に中国では、広大な領土を強大な権力者が支配する例が多かった。同じアジアで、なぜこれだけの違いが生まれたのだろう。

この謎は、すべて、地理と地形で解ける。

中国が大きなまとまりを維持し、強い権力を握った皇帝に支配されていたのは、土地が「のっぺり」していて（起伏が少ない）、森林がなかったからだ。冶金《やきん》技術が発達し、樹木は燃料となった。ほとんど燃やし尽くされてしまった。

隠れる場所がないのだから、大軍に襲われれば、それこそ「蹂躙《じゅうりん》」されてしまうのだ。万里の長城を築いて騎馬民族の侵入を防いだのも、同じ理由からだ。ゲリラ戦ができないから、大軍団、騎馬軍団は自在に駆け抜け、弱者は次々と呑みこまれていく地形だった。

日本列島は、正反対だ。国土のほとんどが山と谷と渓谷で、深い森に覆われ、しかも馬が疾走できる大平原はない。平地があっても湿地帯が多かったのだ。森に誘い込み隘路《あいろ》（狭い道）で襲えば、大軍団でも、騎馬軍団でも撃退できる。だから、強い王は現れなかったし、峠の向こうとこちらで異なる文化圏を形成しつつも、緩やかにつながり、共存の道を選んだのだ。これが日本に独裁者が現れなかった理由である。

⛩なぜ日本人は多神教的なのか

それだけではない。日本列島は地震や火山の噴火、台風の襲来など、自然災害が多い。たとえば地圏空間研究者の小島圭二は、世界と比較すると、「大変特異な災害列島」といい、「このことを本当に知っている人がどれだけいるのだろうか」と警鐘を鳴らしている（『日本の地形・地質』全国地質調査業協会連合会編　鹿島出版会）。もちろん、平成七年（一九九五）の阪神・淡路大震災、平成二十三年（二〇一一）の東日本大震災などで、日本人自身が天災の怖ろしさに気付いてはいるが……。

なぜ日本に自然災害が多いのだろう。最大の原因は、四枚のプレートが、日本の周辺で折り重なっていることで、地震や火山の噴火が起きやすいのだ。また、温帯モンスーン地帯だから、雨量も多く、洪水の恐怖もある。

これが、信仰形態にも影響を与えた。唯一絶対の神が大自然を支配し改造できるという一神教的発想になじめなかったのだ。唯一絶対の神なら、大自然の猛威にも打ち勝てるはずではないか。なぜ神は、祈っても人を苦しめるのか、日本に住んでいれば、一神教の神の仕打ちに耐えられなくなるはずである。

ならば、日本人にとって神とは何か。

神とは恐ろしい大自然であり、人間は大自然には、所詮かなわないという諦念《ていねん》が日本列島人の心の根底に今も横たわっている。これが多神教的な世界観であり、この精神風土からも、独裁王は生まれにくく、中国のような統一国家も皇帝も出現しなかった。しかも、山がちな地形ばかりだから、一気に攻め滅ぼすこともできなかったのである。

また、日本人にとって幸いだったのは、島国ゆえに侵略戦争の被害に遭ってこなかったことである。もちろん、戦後史学界は、「古代日本は征服された」「征服者は次々と現れ、王朝は何度も入れ替わった」と唱え続けてきた。しかし、研究が進むにつれて、これらの推理は通用しなくなってきた。

考古学的に騎馬民族に蹂躙された痕跡はみつかっていない。朝鮮半島や中国側に、「われわれが日本を侵略した」という記録もない。大陸の圧力に悩まされ分裂を続けた朝鮮半島の人々に、海の外の日本を奪い取るだけの力があったとは到底思えないのだ。のちに詳しく触れるが、朝鮮半島には樹木が少なく、大きな船を造る材料もなかっただろう。

朝鮮半島と日本列島の間にある対馬（長崎県対馬市）にも、大陸や半島の人たちを「萎《な》えさせる力」があった。

ここは日本列島のミニチュアで、平地が極端に少なく、農耕民や騎馬民族にはまったく必要のない土地だったのだ。だから、対馬を見て「これが日本か」と感じれば、領土欲も萎えていたにちがいないのである。

他民族からの侵略がなかった島国の住民は、稲作を選択した後も、縄文的で多神教的な信仰を守ることができたのだ。だから、日本人は強い王を求めなかった。強大な征服者がたびたび海を渡ってきたなら、このような伝統は生まれなかっただろう。

そうなのだ。日本の歴史は、独特な風土の中で生み出されたのであり、地理や地形の中に、歴史を解く鍵が眠っているはずである。

地理は、歴史を読み解くだけではなく、日本人の正体をも明らかにしていく。一緒に、日本列島をめぐっていこう。

東西日本を分ける関ヶ原（不破関）

日本はひとつではない。いろいろな顔を持っている。さまざまな人たちが集まって、多様性に満ちた独自の文化を創り上げてきた。

「古今東西」とは良くいったもので、東と西、そして、古くからの伝統と新しい考え、日本はいろいろな要素で成り立っている。その中でも、「東と西」は、もっとも差のある文化圏であり、なぜ東西にわかれたかといえば、地形と気候、植生の違いが大きな意味を持っていた。

文楽（人形浄瑠璃）の幕が上がる前、黒子が登場し、「とざいとーざいー」と、口上を述べる。英語に訳すと、「レディース&ジェントルマン」ということになろうか。日本ではこれを、「東西、東西」と呼びかけるのだ。日本人にとって日本人とは、東西にわかれて住む人たちを指しているのだ。

もちろん、信仰でも東西の軸は一役買っていて、中国では北から南のラインが重視されたが、太古の日本では、東から西が大切だった。太陽が昇り、沈み、また昇り……。死と再生の道が、東西に延びていたのだ。

日本の歴史は因縁めいた地理や地形によって成り立っている。そのことを実感させられるのは、関ヶ原だ。

東と西の文化・嗜好《しこう》は、関ヶ原のあたりを境にして分かれているが（高山本線付近までの幅はある）、関ヶ原は太平洋側に位置しているにもかかわらず、冬の季節風が北西側からダイレクトに流れ込み、雪を降らせる。この付近は豪雪地帯で、東西日本を分断するエアカーテンの役割も担っているのだ。

古代東山道の関所である不破関《ふわのせき》（岐阜県不破郡関ケ原町）は、日本列島の「腰のくびれ」のような場所になっていて、南北を山並みが挟み込んでいる。後に触れるように、西側の琵琶湖は、日本列島の流通のジャンクションになっていて、琵琶湖から東に抜けるには、「くびれになった狭い関ヶ原（不破関）」を通ることになる。もちろん、だからここに「関所」が置かれたのだが、土地が狭いだけではなく、「東が高く西が低い断崖」になっていて、西からやってくる者を監視する「天然の関」になっている。

ちなみに、不破関の設置は、意外に古い。壬申の乱（六七二）のころ、仮の関は設けられていたと推測されているが、それ以前にすでに東西の気質や嗜好の差は、関ヶ原を境に、大きくなっていったのだった。

ただし、地形の制約を人間が克服してしまう例もある。どう考えても文化は伝わらないだろうという場所でも、意外なことに、同一文化圏に属していることがあるのだ。そのもっとも顕著な例が、津軽海峡だろう。

北海道と本州の北の果ては、海峡で遮断されているが、なぜか交流が盛んだった。後期旧石器時代には、すでに丸木舟が造られ、航海技術が発達していたようなのだ。

よくよく考えてみれば、弥生時代の北部九州と朝鮮半島南部も同一文化圏に含まれていた時があり、太古の航海術を侮ってはいけないのだ。日本人には、海が交通の障害になるという意識は薄かったのではあるまいか。日本の場合陸上のほうが、山や谷などの地形に影響を受ける。障害物が多かったために、船は重宝しただろう。

関ヶ原からみて東側には、広大な濃尾平野広がっているが、ここは南北に大河川(長良川、木曽川、揖斐川)が走っていて、東西の交流の妨げになったと思われる。たとえば江戸時代の東海道は、尾張で一度陸路を離れ、船に乗り換えていた。この地に地盤を築く尾張氏は、日本各地に拠点を築いていくが、その原動力は、水の民、海の民だった。濃尾平野は「水運の都」だが、南北の流通には便利だったとしても、内陸部の東西の往来が便利だったかというと、首

▲関ヶ原の段差

をかしげざるを得ない。ここにも、東西を分断する「水（川）のカーテン」が存在したのだ。

すでに旧石器時代に、東西の石器文化圏には差があって、これは植生の差と関係するようだ（関ヶ原の少し東側で、ふたつの文化圏が交錯していた）。ちなみに、旧石器時代の次にやってくる縄文時代は新石器時代だ。旧石器は、黒曜石《こくようせき》などを叩いて割った打製石器、新石器は磨製石器を発明した時代を指す。ただし日本では、旧石器時代に「局部《きょくぶ》磨製《ませい》石《せき》斧《ふ》」を用いていた。磨製石器の優位性は、「石斧」で木を倒すことができるようになったことだ。土地の開墾を行えるようになったわけである。

縄文時代には人口の偏差があって、東側に密集していた。じつは現代日本にふたつの文化圏が色濃く残ったのは、「縄文人の偏在」が原因だったようだ。

文化人類学者の小山修三は、遺跡の数を地域ごと、時期ごとに集計し、八世紀中頃の人口を参考にして、

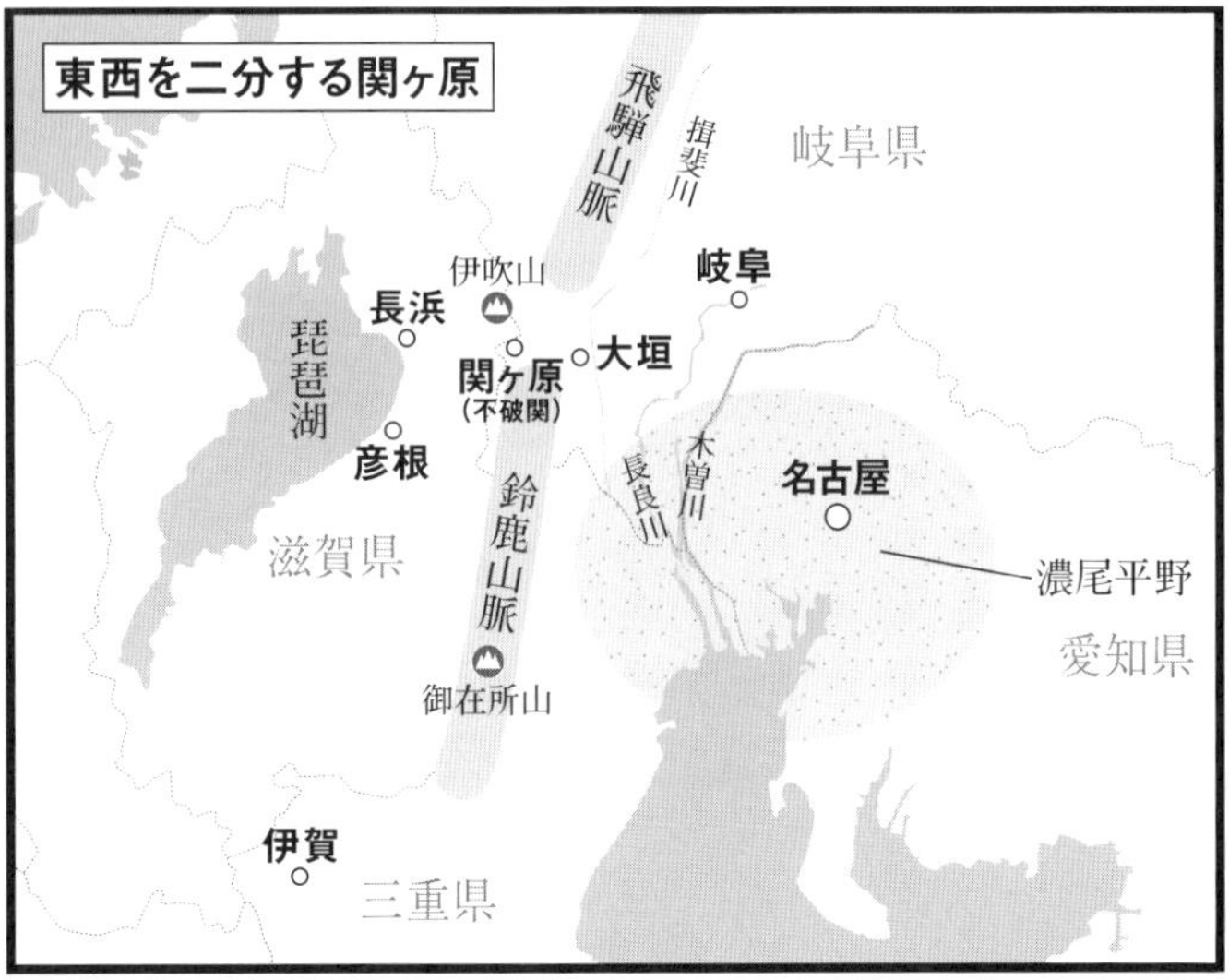

縄文時代の人口分布を試算した。なぜ八世紀と比較したかというと、『弘仁式《こうにんしき》』『延喜式《えんぎしき》』の正《しょう》税帳《ぜいちょう》の出挙稲《すいことう》と課丁《かちょう》数から国別人口が分かり、さらに、遺跡あたりのおおよその人口が割り出せるためだ。

その結果、縄文時代の人口は、やはり東に偏っていたこと、時期的には縄文中期がもっとも多く、後期になると東日本で減少し、西日本で微増している様子が分かった。

また、忘れがちなことだが、弥生時代の人口は、西日本で増加するが、関東、中部、東海、近畿でも爆発的な人口増が起きていた。具体的には、一〇〇キロ平方メートルあたりの人口が、縄文時代後期の九州では二四人で、弥生時代には一五六人に増えた。中国地方では、八人が一八〇人、近畿では一三人が三三九人と、爆発的に増えている。これに対し、関東でも、一六〇人が三二〇人に、東海では、六一人が四五〇人と、「人口密度では東が西を凌駕していた」のであり、さらに「頭数も同等」だったことが割り出されている。この試算は、弥生時代のあとに到来する古墳時代（ようするにヤマト建国後）を考える上でも軽視できない。

日本を二分する植生の違い

日本の東と西の問題は、後々大きな意味を持ってくるので、もう少し詳しく掘り下げてみよう。

なぜ縄文時代の人口は、東に偏っていたのだろう。そして、稲作が到来したあと、なぜ東国は、ふたたび活気を取り戻したのだろう。

まず大切なことは、植生の差だろう。西日本は照葉樹林文化で東日本はナラ（ブナ）林文化の陵域に分かれる。これは東アジア（アジア大陸東部）の江淮《こうわい》地域（長江と淮河《わいが》の中間。淮河が河北と河南の境界）を境に南北に分断する文化領域でもある。

照葉樹林は常緑広葉樹林で、ナラ林は落葉広葉樹林だ。また、淮河から遼東《りょうとう》半島に至る一帯は、中国文明の発達と並行して開発され、樹林帯は消滅している。すでに述べたように、金属文明の発展によって森は食い尽くされた。森がないので土地に保水力が無くなり、黄河断流という恐ろしい事態が一九七〇年代ごろから始まっている。事態を放置しておけば、北京の砂漠

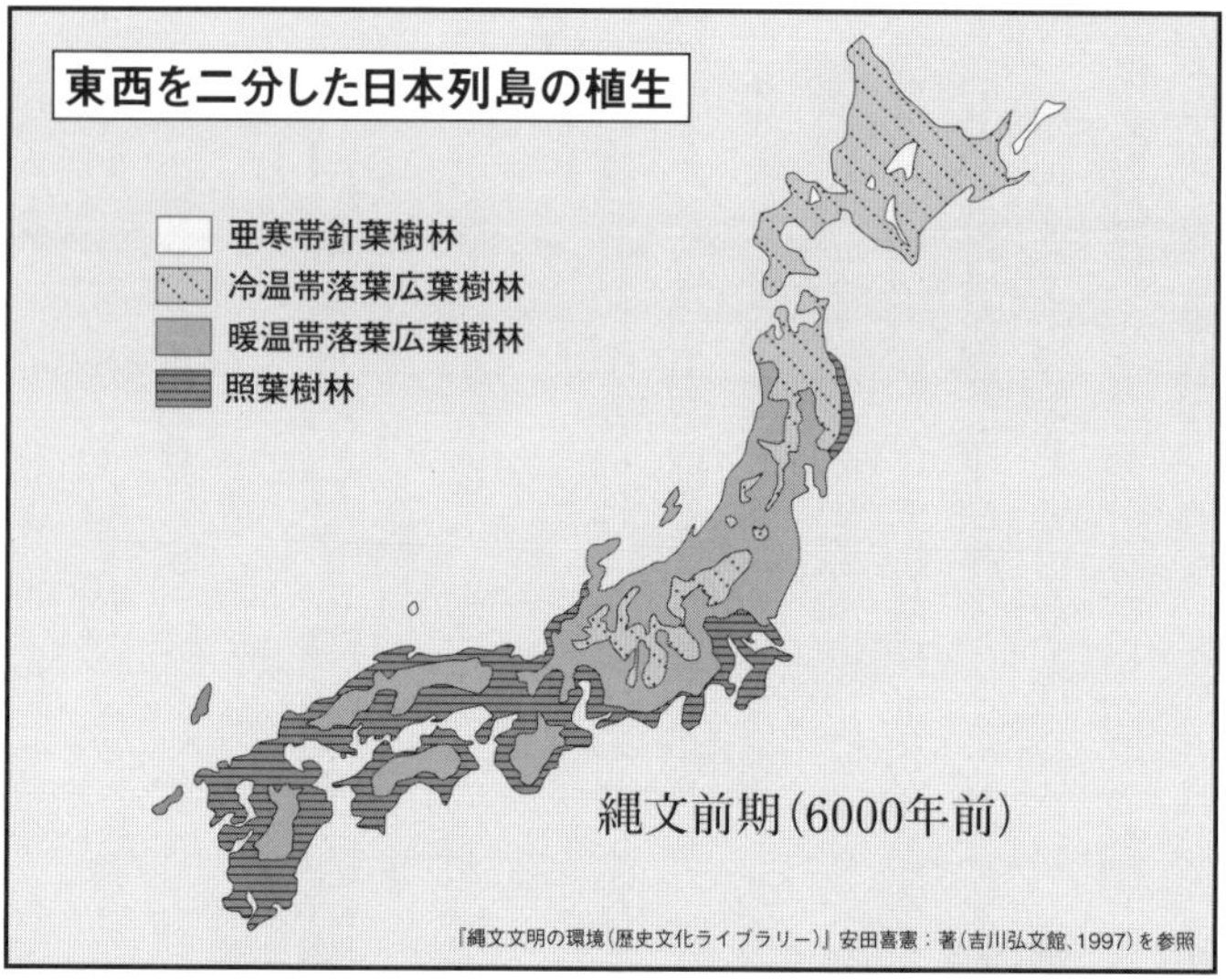

『縄文文明の環境(歴史文化ライブラリー)』安田喜憲：著(吉川弘文館、1997)を参照

化も時間の問題だろう。

この東アジアの二大文化圏が、太古の日本に影響を与えた。たとえば縄文人というと、固有の文化を形成したと思われがちだが、中国東北部から沿海州、沿アムール地方、サハリンに至るナラ林帯の影響を強く受けている。生活様式や道具、文化が、縄文時代早期末から前期の縄文文化と驚くほどよく似ている。また縄文時代後期、晩期には、東北アジアのナラ林帯から、ソバなどの雑穀の栽培、イノシシの飼育技術と文化が伝わっていたようなのだ。

それだけではない。中国の雲南《うんなん》を中心とする照葉樹林帯の「プレ（先）農耕段階（採集・半栽培文化）」も、縄文時代の西日本に流れ込んでいた。さらに、雑穀栽培を主とした焼畑農耕も、かなり早い段階で日本にもたらされ、稲作を受け容れる下地を作り上げていたのである。

ただし、ここで大きな謎が浮かぶ。なぜ縄文時代の西日本の人口は少なかったのだろう。ひとつの原因は、鬼界《きかい》カルデラ（鹿児島県）の爆発ではなかろうか。

鹿児島県には旧石器時代からすでに人が暮らしていて、想像以上に高度な文化を形成していた。温暖化は南から進んだため、まず、九州が豊かになったのだろう。

鹿児島県指宿《いぶすき》市の水迫《みずさこ》遺跡から旧石器時代の竪穴と道路状遺構がみつかっている。旧石器人の定住の可能性も出て来たのだ。霧島市の縄文早期前半の上野原遺跡からは、計五十二棟の竪穴住居が出土している。同時代に存在したのは十棟とみられている。日本最古最大のムラが九州にあったのだ。そして、燻製をつくる炉穴《ろあな》（連穴土壙《れんけつどこう》）もつくっていた。

けれども、九州の縄文時代は、その後衰退していく。それもそのはず、鬼界カルデラが大爆発を起こしていたのだ。火山灰は東北まで飛んでいった。南部九州は壊滅的なダメージを受け、西日本にも甚大な被害をもたらしたようだ。しばらく九州は、人が住めない土地になったのだ。西日本に縄文人が少ない理由のひとつが、鬼界カルデラの大噴火だった可能性は否定できない。

世界の常識を覆した縄文人

縄文時代の人々が東に偏っていた理由は、もうひとつある。縄文時代の東日本は、世界にも稀にみる豊かな地域だったのだ。東日本には、サケが遡上《そじょう》してきたし、ドングリ（堅果類《けんかるい》）が豊富だった。落葉樹は多くの生物を招き寄せ、育む力を持っていたのだ。

文明は農耕とともにもたらされるというのが、世界の常識だったため、採集民の縄文人は、「野蛮な人々」とみなされていた。ところが、だんだん分かってきたことは、「縄文人は狩猟採集民なのに豊かで、永続可能な生活を送っていた」ことだ。これは、世界史の常識を打ち破る事実だったのだ。

たとえば縄文時代草創期や初期は、虫歯の数は少なかったが、前期以降になると、食料事情が良すぎたために、虫歯に悩まされていたことが分かっている。農耕民と同じぐらい、虫歯が多かったのだ。江戸時代の日本人と同レベルだという研究もある。堅果類のあく抜き技術を手に入れたことによって、大量の炭水化物を食すようになったからだ。

縄文時代の東日本は豊かで、多くの人々が棲みついた。現代日本にも、そうした縄文的な文化は東国に色濃く残り、それが、今の嗜好の差にもつながったのだ。

東京から西に向かって行けば、ソバやうどんの汁が、次第に透明になっていくことはよく知られている。境目は、やはり関ヶ原近辺にある。東側が「濃い口醤油」を使った濃い色のだし汁、西側は、「薄口醤油」を使った透明感あるだし汁だ。

言葉もイントネーションも、東西日本では大きく異なる。かつて、日本の文化の土台は弥生時代に造られたと信じられていたが、次第に縄文時代の重要性が、分かってきたのだ。世界で孤立している日本語も、縄文語がベースになっていたと考えられている。

ただし、縄文後期になると、縄文人は急速に減ってしまう。原因は、寒冷化にあったようだ。また、それまで日本列島にはなかった結核などの病気が流入したのではないかとする説もある。

ところで、弥生時代到来後、東日本の縄文人たちの多くは、稲作を拒み続けていたようで、その理由のひとつは、農耕をしなくても豊かだったからだ。縄文人は縄張りを守り、必要以上の殺生をしなかった。季節ごとに食べ物を変え、飢餓とは無縁の生活を送っていたのだ。これがいわゆる縄文カレンダーで、だから、無理して農耕を選択する理由がなかった。

そしてもうひとつ大切なことは、「農耕をはじめれば、争いが起きる」ことを、縄文人は本能的に知っていたのではないか、ということだ。縄文人が長い間農耕を選択しなかったのは、できなかったからではなく、あえて選ばなかった可能性が高くなっている。そして、弥生時代の到来後しばらくたって、現実に日本列島は、争乱の時代に突入していくのだ。

想像以上に遠方に足を伸ばしていた縄文人

ここでひとつ付け加えておきたいのは、縄文時代、すでに海を自在に往き来する海の民が活躍していたことだ。現代人には信じがたい遠方に、縄文人は出向いていたのだ。

「魏志倭人伝」に描かれるように、沿岸部では、盛んに漁が行われていた。その漁民は、のちに「海部」に統合され、職業集団化していく。また、沿岸部で漁をする海人《あま》は、時に、航海する人にもなった。彼らは商人や技術者の役割を担い、また、戦う兵士にもなり、遠征する水軍の楫取《かじとり》（舵取り）を命じられることもあった。

中国大陸との間に交流もあったようだ。「魏志倭人伝」に、倭人は海に潜ってアワビなどを捕ること、サメなどから身を守るために入墨をしているとあるが、これは「呉越《ごえつ》（中国東岸）」の海人の習俗に似ている。

縄文時代に日本列島ではすでに漆《うるし》技術が発展していて、中国が起源で日本に伝わったと信じられてきた。だが、逆に日本から中国に伝わっていた可能性も高くなってきた。日本と中国の間を、海人たちは苦もなく往き来していたようだ。

なぜ日本列島人が果敢に海に飛び出していったかというと、ただ単に、島国育ちだから、というわけではないだろう。

今から五十年前の伊豆半島を思い浮かべれば（生まれていない方は、対馬に行くしかない）ご理解いただけるだろう。となりの集落に行くには、険しい峠道を越えていかねばならない。おそらく、伊豆の沿岸部の人たちは、徒歩ではなく、船で移動していたのだ。だから、道も整備されなかった。太古の日本も、似たりよったりだろう。湿地帯や峠ばかりの沿岸部の人々は、移動手段に船を選択したにちがいない。その延長線上に、朝鮮半島や大陸への海の道がつながっていたのだと思う。

至るところに縄文人の痕跡が残されている。たとえば、太平洋側の流れの速い黒潮を横切る

航海術も獲得し、神津島《こうづしま》の黒曜石は日本列島、八丈島、シベリアまで運ばれていた。さらに、

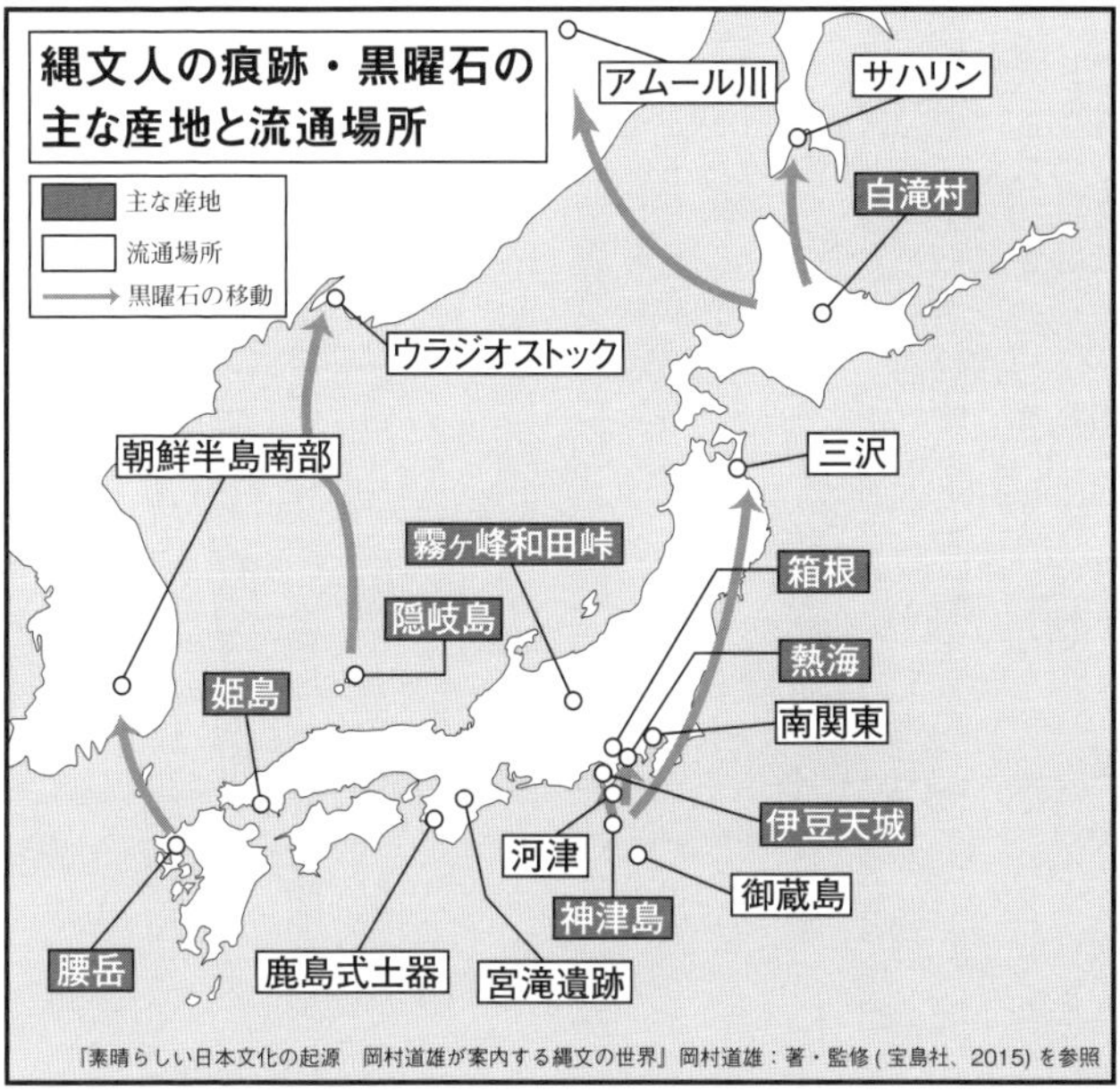

和歌山県の鷹島式土器が、伊豆諸島の御《み》蔵《くら》島（東京都御蔵島村。三宅島の南南東一九キロ）でみつかっている。こちらは黒潮を利用した交流があったようだ。

それだけではない。奈良県吉野郡吉野町に、宮滝《みやたき》遺跡がある。縄文時代後期の宮滝式土器が、ここから各地に散らばっていった。紀ノ川（吉野川）を下れば、七〇キロで河口に出られる。西に向かって熊本県に、東に向かって静岡県にたどり着いた。内陸部から川を下り、海岸づたいに運ばれたのだ。吉野の地は山深いが、縄文時代から海の民と深く関わっていたことが分かる。

ヤマトは西に突き出た東

東と西、ふたつの日本。東で活躍した縄文人について考えてきたのは、古代史の数々の謎の裏側で、「これまで無視されてきた東」がうごめいているように思えてならないからだ。

たとえば、なぜ日本で最初の都が奈良盆地に置かれたのかも、「東側から見てみる」ことで、謎が解けるのではないかと思えてくる。「東側からの視点」「東から西に向かう文化と人」というヒントである。

縄文時代後期から晩期にかけて、「東から西」という流れが起きている。たとえば、滋賀県浅井町の醍醐《だいご》遺跡と和歌山県海南市の溝ノ口《みぞのくち》遺跡から、配石遺構が見つかっているが、縄文時代中・後期の関東や東北で盛んに造られていたものだ。墓であり、太陽信仰にもとづく祭祀を執り行う神聖な場であった。これが、西で造られ始めたのだ。どうやら、東の縄文人が移住してきたようだ。関東や東北で独自の発達を見せた祭り用の道具である石棒や石刀が、橿原《かしはら》遺跡（奈良県橿原市）に集まってきていた。また、東北の亀ヶ岡式土器が北陸に伝播し、変化しながら、橿原遺跡や日下《くさか》貝塚（大阪府東大阪市）など、周辺の遺跡にもたらされたのだ。

それだけではない。西からやってくる稲作文化に対抗するかのように、縄文時代を象徴する土偶が、橿原遺跡に集まっていた。ただし、東の土偶がふっくらと妊婦を象《かたど》っていたのに対し、橿原遺跡の土偶は偏平《へんぺい》な板状だった。これは、出産後の女性を意味しているという。じつは、このような偏平な土偶は、西日本で盛んに造られ、橿原遺跡は出土遺跡の中で最東端に位置していたのだ。

もうひとつ、興味深い事実がある。橿原遺跡の土偶は「西の文化」だったが、亀ヶ岡土偶のかけらが混じっていたのである。ここに、奈良盆地の特徴が、よく出ていると思う。奈良盆地は西日本に位置し、西日本の文化圏の東のはずれにありながら、地形上の制約（というよりも特性）から、東の文化圏の人々にとって、かけがえのない場所だった。

すなわち、ヤマトは西日本でありながら、「西側に突き出た東日本」なのである。

正月のお雑煮も、奈良は独特だ。関西では、「丸餅を煮る」が、奈良では「丸餅を焼いて煮る」のだ。関東では、「角餅を焼いて煮る」のだから、奈良は東西の折衷《せっちゅう》となるのだ。

もうひとつ興味深い事実がある。

すでに縄文時代、東と奈良盆地を結ぶ陸路は確立されていて、出入口が、桜井市だった。これはまさにヤマト建国の地・纏向《まきむく》遺跡のあった場所で、遺跡の南側には日本最古の市場・海柘《つば》榴市《きち（つばいち）》があるのも、東西の交叉点だからこそだろう。聖徳太子の時代（七世紀前半）隋《ずい》から派遣されてきた裴世清《はいせいせい》は、大和川をさかのぼり、海柘榴市で上陸し、歓待を受け、飛鳥に向かっている。海柘榴市は、西からやってくる異人との接点にもなったのだ。

やはり、ヤマトは「東と強く結ばれた土地」だったのだ。なぜ今まで、この事実がほとんど無視されてきたのだろう。

▲最古の市場・海柘榴市（奈良県桜井市）

そして、これまではすべての文物が西から東に伝わっていったと信じられてきたが、この常識も、一度疑ってかかった方がいい。

なぜ東の王が求められたのか

「古代と東」「古代の東」「ヤマトと東」の歴史を追っていくと、行き着いてしまう「どう考えても分からない謎」がある。それが、「東からやってきた男大迹王《おおどのおおきみ》＝継体《けいたい》天皇」なのだ。邪馬台国やヤマト建国の話をする前に、この「どう考えても分からない謎」について、真相を探ろうと思うのは、「解ければ古代史の他の謎を考える上での大きなヒントになりそう」だからだ。歴史はつながっていて、ひとつひとつの謎を解いても意味がない。ひとつの謎が解ければ、すべての歴史がつながってこなければおかしい。

そして継体天皇の謎は、東西日本の境界線の地理が大きくかかわってくるから無視できない。

さて、初代神武天皇は、九州からやってきたと『日本書紀』はいう。だから、天皇家の故地といえば、九州と思われがちだ。しかし、第二十六代継体天皇は、六世紀初頭に東からやってきている。しかも、通説は、継体天皇を新王朝の祖と考えていた。また継体天皇の血統は今上《きんじょう》天皇まで続いているのだから、「天皇家は越《こし》(北陸)=東からやってきた」ことになる。ところが、『日本書紀』を編纂《へんさん》した八世紀の朝廷が、「天皇家の故地である東を嫌っていく」から、不可解きわまりないのだ。ここに、天皇と日本史の大きな謎が隠されている。

そこでまず、なぜ継体天皇は東からやってきたのか、その事情を明らかにしておこう。『日本書紀』には、詳細な説明が記されている。継体天皇はヤマトの地理を考える上でも重要な意味を持ってくるので、詳しく紹介しておく。

継体天皇(男大迹王)は第十五代応神《おうじん》天皇の五世の孫だ(皇族としての血はきわめて薄かったことになる)。父は彦主人王《ひこうしのおおきみ》で母は垂仁《すいにん》天皇七世の孫・振媛《ふるひめ》である。

継体は近江国高島郡の三尾《みお》(滋賀県湖西地方北部)の別業《なりどころ》(別荘)で生まれた。父が容姿端麗な振媛を三国《みくに》の坂中井《さかない》(福井県坂井市三国町)からこの地に呼び寄せ、迎え入れて妃《きさき》にしたのだった。ところが早くに彦主人王は亡くなったので、振媛は幼い男大迹王(継体)を連れて、故郷の三国に帰った。こうして男大迹王は、越で育てられていくのである。

▲継体天皇の胞衣塚（滋賀県高島市）

ちなみに、彦主人王の住んでいた三尾という土地は、交通の要衝だった。日本海側の若狭《わかさ》から、若狭街道の低い峠を越えてくれば三尾に出る。敦賀《つるが》とも陸路でつながっている。日本海と関わりをもつのに、ちょうど良い場所だったのだ。

嫁取りは「美人だったから」と『日本書紀』はいうが、実際には彦主人王が日本海に関心をもち、政治的につながっていこうと考えたのだろう。五世紀後半から六世紀初頭にかけて、越の一帯はヤマトにはないような先進の文物が集まる場所に変貌していたのだ。日本海の流通が、活発化していたわけで、ヤマトが越の王を連れてきたのも、日本海の発展と大いにかかわりがある。

もっとも、男大迹王がヤマトに求められた理由を『日本書紀』は次のように説明する。すなわち、第二十五代武烈天皇は酒池肉林《しゅちにくりん》をくり広げ悪政を敷いたこと、しかも子がなかったから、後継者が途絶えたのだという。だから継体元年（五〇七）に、樟葉宮《くずはのみや》（大阪府枚方市楠葉《ひらかたくずは》）で男大迹王は即位したのだ。

五世紀後半は、中央集権国家への歩みがはじまり、だからこそ、主導権争いや反動勢力の跋扈《ばっこ》もあり、王家は混乱し、王統は途切れてしまったわけだ。そこで男大迹王に白羽の矢が立てられたというわけである。

福井は東の文化圏

三王朝交替説を唱え一世を風靡《ふうび》した古代史学者の水野祐は、継体天皇を新王朝の祖とみなし、多くの史学者が、賛同していた。しかしその後、様々な考えが提出され、「越の王がヤマトを征服したのではなく、入り婿だったのではないか」とする説が、有力視されるようになってきた。

福井で育てられたという話も、何やら暗示的だ。福井平野は、東と南側が山で遮られている。これも地理の盲点で、福井県といえば目の前が海というイメージが強いが、福井平野の西側は山でふさがれていて、海から見ると、「崖の連続」なのだ。

しかも、近畿地方に通じる陸路（木ノ芽峠《きのめとうげ》）は、意外な難所で、木ノ芽峠の直下に位置する敦賀市から福井平野につながる北陸本線の北陸トンネルは、長さ一三八七〇メートルもある。昭和三十七年（一九六二）に開通した当時、日本最長を誇っていた。トンネルが開通する前の

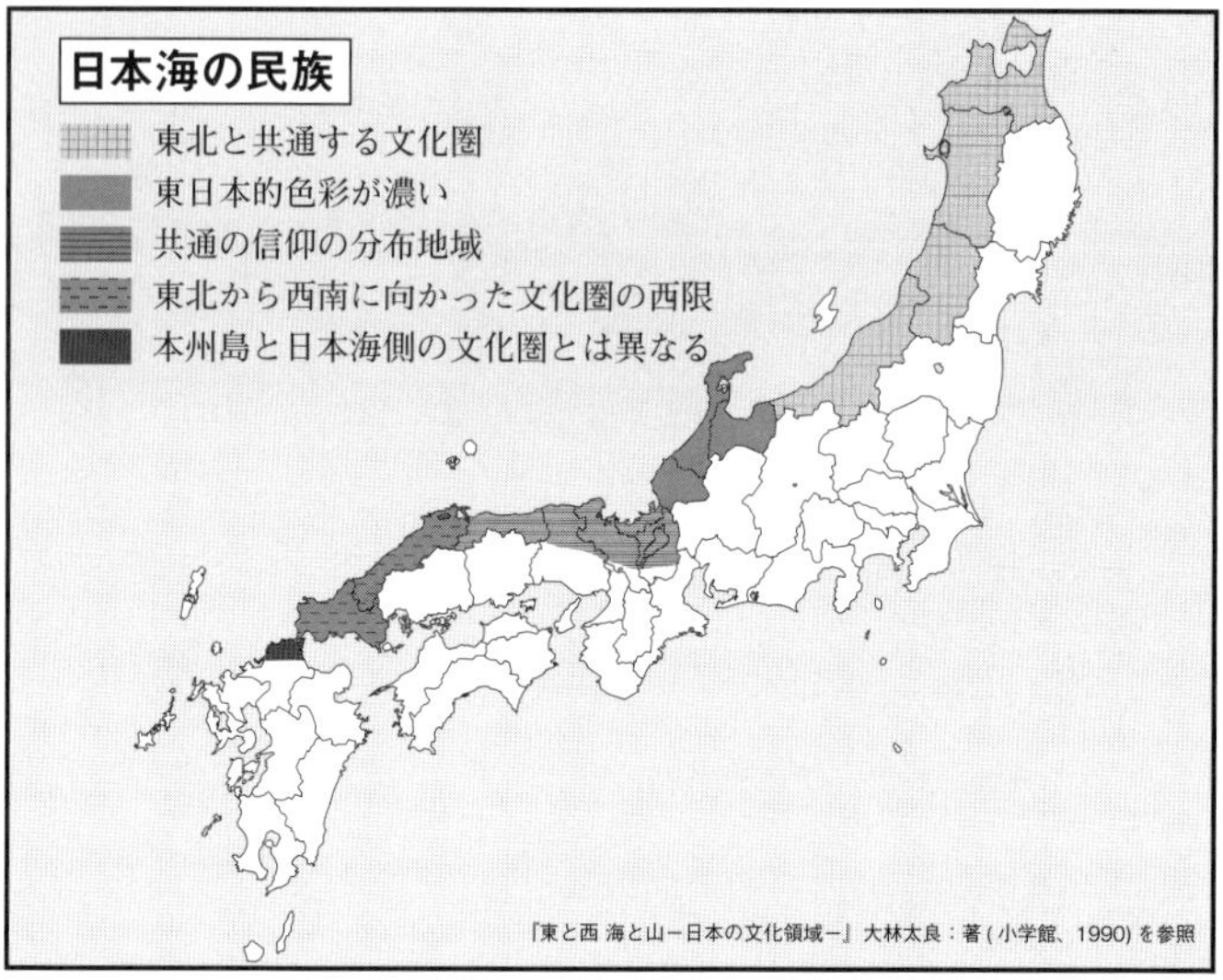

『東と西 海と山ー日本の文化領域ー』大林太良：著（小学館、1990）を参照

北陸本線は、名実ともに難所で、スイッチバック四ヶ所、勾配二五パーセントで、時間をロスしていたのだ。一帯は豪雪地帯でもあり、鉄道が通る前は、この山塊が、大きな壁になっていた。隣接しているのに、近江や近畿地方とは異なる文化圏に属していたのだ。

民俗学者の大林太良は、現代日本の日本海の民俗を、おおよそ次のように括っている。

（1）青森県から新潟、富山県境までの地域（東北と共通する文化圏）

（2）富山県から福井県中部（東日本的色彩が濃い）

（3）福井県西部から鳥取、島根県両県境（共通の信仰の分布地域）

（4）島根、山口両県（東北から西南に向かった文化圏の西限）

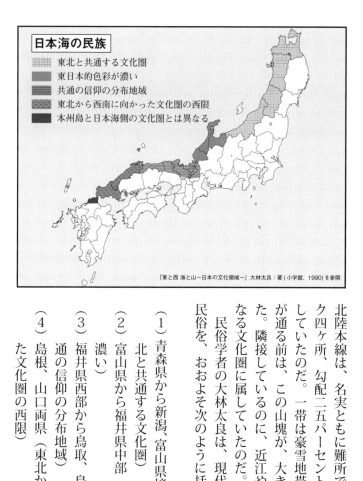

（5）北九州（本州島の日本海側の文化圏とは異なる）
（『東と西　海と山』　大林太良　小学館）

（3）の福井県西部とは敦賀市から西側をさしている。やはり、福井平野は峠を越えれば西の文化圏なのに、実際には東寄りだったことが分かる。
ヤマト政権からみれば、大軍を送り込んでも、峠ではね返されるという、厄介な存在でもあったのだ。

福井の発展と三国の重要性

福井平野を俯瞰《ふかん》すれば、「子宮」のような形をしていて、近畿圏とは隔絶されていることが分かる。そして、男大迹王が育った三国は、敦賀から舟を出して、最初にたどり着く港である。三国といってもぴんとこないかもしれないが、刑事ドラマに良く登場する東尋坊《とうじんぼう》のある場所、といえば、分かりやすいだろう。

福井と西とのつながりは、陸路の不便さを考えるとやはり海上交通が担ったのだろう。その場合、三国から出た船は、敦賀（角鹿）に向かったはずだ。敦賀湾は天然の良港で、奥羽・北陸地方と畿内を結ぶ水運の要《かなめ》だった。七里半越《しちりはんごえ》、塩津《しおつ》街道のふたつの陸路を経由して琵琶湖北

▲三国神社（福井県坂井市）

岸の海津、大浦、塩津に通じていた。ここからさらに船を出し、琵琶湖最南端の大津につながっていたのだ。三国も、敦賀との関係をみなければ、その地理的な意味は、理解できない。つまり、福井平野は陸路では不便だったが、海の道はしっかり確保されていたのだ。福井発展の要素は、海からもたらされたのだ。

ところで、福井の古代史はほとんど知られていないのが実情である。ただ、一時期、越を代表する地域だったことは間違いない。

石川県や富山県では銅鐸《どうたく》がまったく出ていないが、福井県では九個出ている。北陸地方の前方後円墳の半分は、福井県に集まっていて、九頭竜《くずりゅう》川流域の丸岡・松岡周辺に密集地帯がある。四世紀後半から六世紀半ばに続く、越の王の眠る古墳群だ。しかも、これだけ長く同一の系譜が想定される古墳群は珍しいのだという。

なぜこの時代、福井は発展したのだろう。理由はいくつも推理されている。九頭竜川流域で米の生産がこの時期飛躍的に高まっていたことや、若狭から敦賀にかけての塩業が当たったのではないかとも考えられている。敦賀や三国の潟（天然の良港）を利用した交易、鉄の増加、馬とのかかわりなども指摘されている。男大迹王の「おおど＝をほど」は、「ホト（火処）」をさし、鍛冶《かじ》の炉の意味ではないかと推理し、男大迹王を鍛冶王とみなす考えもある。

いずれにせよ、日本海沿岸屈指の天然の良港・三国なくして、福井は語れないのだ。そしてだからこそ、男大迹王の母は、三国と大いにかかわっていたのだろう。近畿地方との交流は、陸路が不便だった分、余計三国が重要な意味を持っていたのだろう。そして、福井平野の諸勢力は、近畿地方と文物のやりとりをしながら、独自の文化を育んでいったのだ。

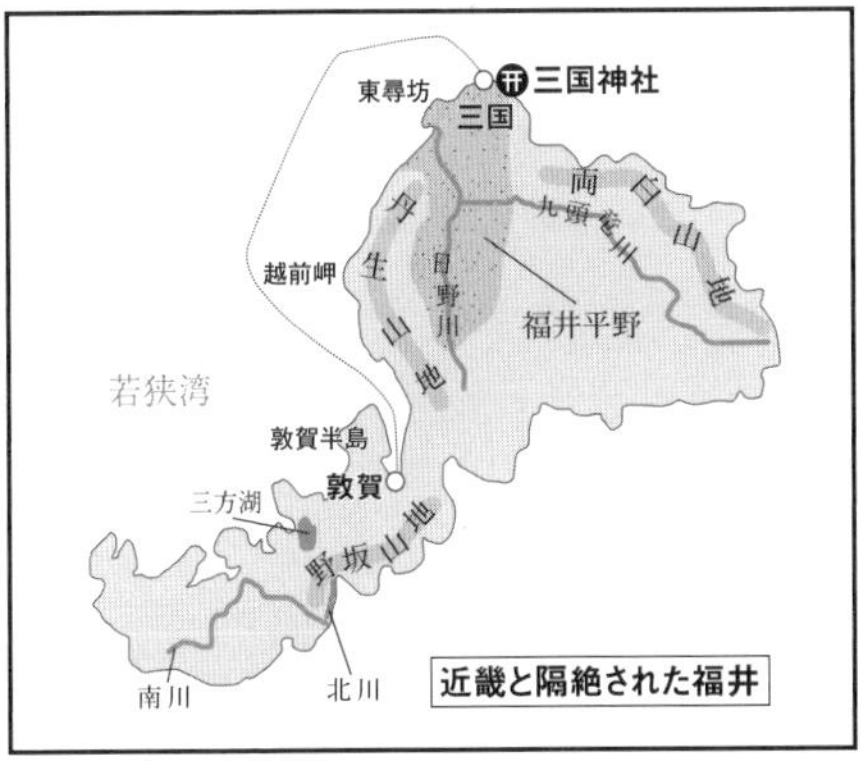

近畿と隔絶された福井

東西の海をつなぐ三国

三国には古代の天然の良港「潟《かた》」があり、その周辺には、いくつも遺跡が発見されている。加戸下屋敷《かとしもやしき》遺跡で、銅鐸やヒスイ、碧玉《へきぎょく》の玉作が行われていた。やはり船と関わりが深い土地で、春江町出土の銅鐸には、船の絵が描かれていた。意外なことに、船の絵を描いた銅鐸は、日本中でこれだけなのだ。

古墳時代のみならず、弥生時代、縄文時代を通じて、日本海を経由した交易が、盛んに行われていた。出雲、九州、南西諸島から、越、北海道へと、文物は流れていたのだ。三国はお隣の敦賀と共に、地の利を活かし、その中継基地として大いに活用されただろう。

たとえば、沖縄本島の周辺でとれるゴホウラなどの貝が、北海道（伊達市有珠《うす》）にもたらされている。北部九州で造られたと思われる釧《くしろ》（腕輪）が日本海沿岸に出回っているが、その中でも福井県鯖江《さばえ》市で多くみつかっている。鯖江が伝播の東端だったらしく、ヤマトからはひとつも出ていない。これは、無視できない流れなのだ。

後で再び触れるが、北部九州と強く結ばれていた弥生時代後期の出雲は次第に力をつけて、四隅突出型墳丘墓《よすみとっしゅつがたふんきゅうぼ》という独自の埋葬文化を、越前と越中に伝えている。ただし、但馬《たじま》、丹波《たんば》の一帯は四隅突出型墳丘墓を拒み、越後との間に、交流を持ち、出雲や越とのたすき掛けの主導権争いをしていたようなのだ。

それはともかく、古墳時代に入ると、越前の古墳では、ヤマトとは異なる石棺が用いられ、九州の葬法も伝わっていた・五世紀はじめには、出雲の土器（器台）が敦賀、福井、大野、坂井平野にもたらされ、六世紀後半の春日山古墳（福井県吉田郡永平寺町）に、出雲系の石棺が登場している。

この「日本海ルート」が、縄文時代から古墳時代までつながっていたことは、無視できない。東西日本に文化と嗜好の温度差はたしかにあるが、交流がなかったわけではない。そして東西の海の交叉点が、三国と敦賀だったのである。

天皇家の故地（東）を無視する朝廷

近畿地方から近いのに遠く、子宮の形をした福井平野が男大迹王の人格形成の揺籃の地だったところに、面白さがある。

すでに述べたように、男大迹王は畿内に招き寄せられるも、しばらくヤマトには入らなかった。ここに大きな謎が隠されていて、その理由のひとつは、ヤマト内部で、男大迹王の即位を面白く思っていない勢力が存在しただろうこと、さらに、男大迹王は真剣に淀川沿岸に都を置きたかったのではないかということである。

ヤマト側の誘いに最初男大迹王は、ためらっていた。しかし、河内馬飼首《かわちのうまかいのおびと》荒籠《あらこ》が密かに使者を遣わし、ヤマト政権の申し出は嘘ではないことを知らせた。男大迹王は、深く感謝したという。河内馬飼首は、大阪で馬の飼育に携わっていた人たちだ。淀川の近辺には、牧が点在していたし、日本で本格的に馬の利用が始まったのは、継体天皇出現の頃とされている。だから、継体天皇と淀川の関係も無視できない。

ところで五世紀後半のヤマトの混乱は、ヤマト建国後停滞していた日本海（その理由は、第三章で述べる）が復活するチャンスでもあった。事実、ヤマトよりも早く王冠を手に入れるなど、越の成長は著しかった。五世紀後半の福井県吉田郡永平寺町の二本松山古墳から出土した伽耶《かや》系の金鍍金《きんめっき》を施した冠が有名だ。ちなみに、六世紀前半の滋賀県でもみつかっている。

飛ぶ鳥を落とす勢いの越だったから、そこから王（男大迹王）を婿に迎えいれ、大王（天皇）に立て、そのかわりこれまで君臨してきたヤマトの王家の娘（手白香媛《たしらかのひめ》）をあてがったのではないか、というのがその後の史学界の考えだ。

男大迹王は越にいたころ、尾張氏の目子媛《めのこひめ》を娶り、勾大兄皇子《まがりのおおえのみこ》（のちの安閑《あんかん》天皇）と檜隈《ひのくま》高田皇子《たかたのみこ》（のちの宣化《せんか》天皇）が生まれていたが、ふたりの皇子がのちに順番に即位し、亡くなると、継体と手白香媛の間に生まれた子が即位している。これが欽明《きんめい》天皇で、尾張の目子媛の王統は、ここで途切れてしまう。言葉は悪いが、男大迹王は「種馬」にされた、ということになろうか。

筆者は、『日本書紀』の「継体天皇の祖は応神天皇」という伝承を重視する。五世の孫かどうかはともかく、「応神天皇の末裔」という設定に、興味を覚えざるを得ない。応神天皇は皇太子時代に、敦賀市の気比《けひ》神宮の神と名を交換していたこと、さらに応神天皇は武内宿禰《たけのうちのすくね》に守られていたが、武内宿禰の末裔・蘇我氏と継体天皇も、浅からぬ縁でつながっていたからだ。

そしてこのあと、「東国と蘇我」が、大きな意味を持ってくるのだ。

ただ、あまり三王朝交替説にこだわってしまうわけにはいかない。ここで強調しておきたいのは、「継体天皇が越（東）からやってきた」という一点なのだ。

くどいようだが、継体天皇は今上天皇の御先祖様だ。ところが、時代が下ると、朝廷は、不破関から東側の地域、すなわち王家の故地を恐れるようになっていくのである。

◆ヤマト建国の歴史まで書き替えていた『日本書紀』

なぜ、朝廷は東を恐れるようになったのだろう。

前兆があった。養老四年（七二〇）に編まれた『日本書紀』は、神話に登場する出雲を悪し様に描くが、越の地域も野蛮視していたのだ。『日本書紀』は東と日本海が苦手だったのだろうか。

天孫降臨に際し、地上界を覗き込んでみると、「邪《あ》しき鬼《もの》」がうじゃうじゃいるとある。これが、出雲神たちだ。神々を下ろして、国譲りを強要し、初めて皇祖神は地上界に舞い下りることができた。

越に関しては、歴史時代になったあとも、長い間「蝦夷《えみし》の盤踞《ばんきょ》する野蛮な土地」といっている。なぜ、『日本書紀』は日本海を嫌ったのだろう。

日本海だけではない。『日本書紀』は、東海地方に対しても、徹底的に無視を貫いている。

次章で詳しく触れるが、ヤマト建国は三世紀半ばから四世紀にかけての事件だったが、この時の東海地方（尾張）の活躍が、考古学的に確かめられている。ところが『日本書紀』は、ヤマト建国説話の中で、「尾張」の活躍を記録していない。

「三世紀の歴史を、『日本書紀』編者が知らなかったからではないか」

と思われるかもしれない。しかし、初代神武天皇と実在の初代王と目される崇神天皇の説話と考古学の示すヤマト建国は、多くの場面で合致する。『日本書紀』はかなり克明に歴史を把握していたと思われる。ならばなぜ、不明瞭な歴史記述に満ちているのだろう。

『日本書紀』が書かれた時代の権力者は藤原不比等《ふひと》で、この人物は自家（藤原氏）に都合の悪い事実を抹殺するために、ヤマト建国に遡って、歴史を改竄《かいざん》した可能性が高い。

その中で標的になったのが、尾張や東だったように思う。

藤原不比等は壬申《じんしん》の乱（六七二）で一度没落しているが、これがトラウマになっているようだ。この時藤原氏の敵・大海人皇子《おおあまのみこ》は裸一貫で東国に逃れ、最初に出迎えたのが、尾張氏だった。大海人皇子絶体絶命のピンチを救ったのが尾張氏であり、乱最大の功労者なのだが、『日本書紀』は、この時の尾張氏の行動を、まったく記録していない。尾張氏といえば、継体天皇を支えた人々であり、やはり王家にとって恩人だったはずだ。

尾張氏は継体天皇擁立と壬申の乱の功労者だったからこそ、邪魔になったのだろう。そして『日本書紀』は、「東海の霊山」「日本一の山」まで無視している。それが富士山で、伊勢神宮の海岸付近から遠望できる霊山を、記録していない。ヤマトタケルの遠征ルートから、臨み観ることのできる富士山を、まったく記録していないのだ。これも不自然きわまりない。

警戒された東

『日本書紀』編纂の翌年、養老五年（七二一）に元明太上天皇《げんめいだいじょう》が崩御《ほうぎょ》（「崩御」とは天皇や上皇が亡くなること）。この時、都の東側の三つの関が閉じられた。これが三関固守《さんげんこしゅ》で、三関とは、伊勢国鈴鹿（三重県亀山市）・美濃国不破（関ヶ原）・越前国愛発《あらち》（福井県敦賀市南部の旧愛発村と滋賀県高島郡マキノ町との境にある有乳山《あらちやま》付近）を指す。

平安時代の大同五年（八一〇）まで、計十一回の三関固守が行なわれた。謀反人《むほんにん》が東国に逃れ、決起することを阻止するための処置だ。このような対応は、「東」だけにとられ、西側は無防備だった。これはいったいどうしたことだろう。

三関のラインが、現代日本を二分する嗜好や文化の境目にほぼ合致しているのは、偶然なのだろうか。そして、なぜ朝廷は、継体天皇の故地を、毛嫌いしていたのだろう。これは、難題である。

『日本書紀』の「東国嫌い」は、根が深い。

景行《けいこう》四十年七月条に、東国に赴くヤマトタケルに、景行天皇が次のように諭す場面がある。

日本を二分する文化の境目・三関

「私は、次のように聞いている。その東の夷《えみし》たちは、強暴で、侵犯することを旨とする。村や集落に、長はいない。それぞれが互いに境界を侵し合い、奪い合う。山には邪神がいて、野には邪しき鬼がいる。衢《ちまた》や道を遮り塞ぎ、多くの人を苦しめている。この東の夷の国中でも、蝦夷がもっとも手強い。男女の区別なく雑居し、親子の区別もない。冬は穴に寝、夏は木の上に住む。毛皮を着て生血を飲み、兄弟で争っている。山に登ること、飛ぶ鳥のようで、野を走ること、獣のようだ。恩を受けてもすぐに忘れ、恨みを抱けば、必ず報復する。矢を束ねた髪の中に隠し、刀を衣の中に帯び、徒党を組んでは辺境を侵し、収穫時になると人民をかすめ取っていく。討っても草むらに隠れ、追っても山に逃げる。したがって、往古からこの方、いまだに王化に従わない」

明らかに、『日本書紀』は東国を蔑視している。

もうひとつ斉明《さいめい》五年（六五九）七月の条に、興味深い記事が残される。遣唐使が唐の皇帝に男女ふたりの蝦夷《えみし》を献上し、蝦夷について聞かれると次のように説明している。

蝦夷の国は東北の方角にあり、五穀はなく、もっぱら肉を食べている。家屋はなく、深山の木の下に住んでいると報告している。

天子はこれを聞き、蝦夷の体や顔に入れ墨があり、異形の様であることを、とても喜び、また怪しんだという。

たしかに、東北地方は「続縄文時代」が長く続き、なかなか稲作を本格的に導入しようとはしなかった。その一方で、ヤマト朝廷はかなり早い段階で移民政策をはじめていたし、近年の研究によって、東北の人々が「遺伝子的に異なる民族だったわけではなかった」ことが分かっている。

だからこれらの記事の中にも、『日本書紀』の恣意的な「東国蔑視」の傾向が見て取れるのだ。

ヤマト政権と蝦夷の蜜月

八世紀の朝廷は東北蝦夷征討を本格化させ、また『日本書紀』は東国を悪し様に描くものだから、さぞかし古代のヤマト政権と東国は仲が悪かったのだろうと想像しがちだ。けれども、七世紀ごろまで、ヤマト政権と蝦夷は、実際には蜜月状態にあったようなのだ。

たとえば、蘇我氏全盛期、蝦夷たちはヤマトにやってきて、王家に忠誠を誓い、蘇我氏も彼らを盛んに飛鳥で饗応している。蘇我氏は身の回りを東方儐従者《あづまのしとべ》（東国のつわもの）に守らせていた。蘇我入鹿の父親の名が「蝦夷」なのは、蘇我氏と東国が強く結ばれていたからだろう。

蘇我氏だけではない。物部氏《もののべ》も東とは強い縁で結ばれていた。物部氏は東に勢力圏を拡大し、開発にからんでいった。五世紀後半から信州に渡来人を派遣し、馬の飼育を手がけている。また、物部氏のあとを追って信州に進出したのは、蘇我氏だ。

物部氏も蘇我氏も、東国と強く結ばれ、東国と手を組んでいたのだ。そして、物部氏と蘇我氏こそ、古いヤマトを代表する二大豪族なのであり、彼らを潰して実権を握ったのが、藤原氏だった。東国は藤原氏にとって手強い政敵（旧豪族）の亡霊でもあった。だから『日本書紀』は、東国に冷淡だったし、東国を恐れたのだ。

この八世紀以前と以後の朝廷の「東」に対する意識の温度差、その原因が分からなかったから、これまで古代史の多くの謎が解けなかったのだ。地理と地形から読み解く古代史にとっても、「東西ふたつの日本」は非常に重要で、だから、第一章で継体天皇の話に分け入ったのだ。

そして、ここでもうひとつ、蘇我氏に対する誤解を解いておかなければならない。『日本書紀』に、「蘇我氏は大悪人だった」と書かれていたから、今日に至るまで、「蘇我入鹿を滅ぼした中大兄皇子《なかのおおえのみこ》や中臣《なかとみの》（藤原）鎌足《かまたり》は正義の味方」と信じられてきた。しかし、正史＝『日本書紀』は、朝廷の正式見解を述べているのであって、必ずしも「正しい歴史を述べている」とは限らない」のだ。あまりにもできすぎた勧善懲悪の物語こそ、疑ってかかる必要があった。蘇我氏は改革派であり、多くの人たちに慕われていたことを、他の拙著の中で、筆者は繰り返し述べてきた。

『日本書紀』には、蘇我氏を悪く描く動機が備わっていたと思う。

蘇我氏が甘樫丘を城塞化した意味

蘇我入鹿暗殺の中心メンバー中臣鎌足は、藤原不比等の父親だ。『日本書紀』編纂時の権力者・藤原不比等は、父親の行動を正当化するためにも、蘇我氏を大悪人に仕立て上げなければならなかったのだ。その過程で、いくつもの嘘を塗り固め、蘇我氏は物部氏を卑怯な手口で滅ぼしたという「物語」が誕生したのだろう。

改革派の蘇我氏や物部氏を潰しにかかったのが、中大兄皇子と中臣鎌足で、藤原不比等はこの事実を裏返し、蘇我氏から改革事業の手柄を横取りしたのである。

じつは、地理と地形から、蘇我氏の正義を証明できる。

蘇我氏全盛期、蘇我氏は飛鳥の甘樫丘《あまかしのおか》に拠点を構えた。『日本書紀』は、「要塞化した」といい、この時代の危機感と、蘇我氏の専横ぶりを訴えているが、『日本書紀』のいうとおり、蘇我氏に人気が無かったのなら、甘樫丘を選ぶはずもなかった。

甘樫丘は「単独峰」だから、いくら防備を固めても、大軍に囲まれたら兵粮がつき、持ちこたえられない。だから、甘樫丘は、「ゲリラ戦に備えた山城」だったのだ。蘇我氏の敵は少なかったが、テロを仕掛けられていたことが、これで分かる。

反蘇我派の立場も、明解になる。

もし仮に、反蘇我派が、周囲の賛同を得られないまま政権打倒を目論んだとすれば、大軍に囲まれても守り切れる場所に拠点を構えるだろう。それが、岡宮《おかみや》（岡寺）とその背後の多武峰《とうのみね》（談山神社《たんざんじんじゃ》）だったことは、拙著『持統天皇　血塗られた皇祖神』の中で述べたとおりだ。

岡寺は、「なぜこんなところに寺（宮）を建てたのか」と思うほど急峻な坂道を登っていく。背後に山並みが続き、大軍で囲まれる心配が無く、兵粮《ひょうろう》が切れる不安はなかったのだ。

岡寺や談山神社で、中大兄皇子や中臣鎌足の縁者が祀られるのは、彼らが「民に支持される蘇我政権」と戦い、要人暗殺（テロ）に活路を見出そうとしていた証拠である。

さて、東西日本のみならず、蘇我氏にこだわってみたのは、『日本書紀』編纂が「蘇我氏の実像を抹殺する」ことが最大の目的で、そのために古代史が歪められたままになっていたからだ。この『日本書紀』の悪意に気付かなければ、何も分からない。八世紀に蘇我氏や物部氏を追い落とした藤原氏が蝦夷たちに牙《きば》をむくのも、蝦夷たちが蘇我政権と緊密な関係を保ち、共存していたこと、藤原氏は蘇我氏や物部氏と敵対したことで、自然と東国や蝦夷たちと反目する関係に陥っていったからだ。この事実こそ、地理と地形で読み解く古代史の、基礎の基礎である。

なぜ継体天皇や越と蘇我氏のつながりに注目したかといえば、「東西ふたつの日本」の差が、

▲岡寺、寺号は龍蓋寺（奈良県高市郡明日香村）

すでに旧石器時代から生まれていたこと、今日に至っても、まだ違いが見られ、さらに八世紀の朝廷は東を恐れていたからだ。その根深い事情を解き明かすには、蘇我氏と東国のつながりというヒントが必要と考えたのである。

以下、次章では、ヤマト建国を地理から解き明かしてみたいと思う。

第二章

ヤマト建国の地理

ヤマト建国をめぐるいくつもの謎

順番から行けば、ここで二世紀後半に出現し、三世紀まで存在した邪馬台国《やまたいこく》を語らねばならないのだが、それよりも先に、三世紀のヤマト建国と地理を考えておかないと、邪馬台国の謎も解けてこないので、まずはヤマト建国を考えていこう。ヤマトを作り上げたのは、「東」だったという話だ。

さて、ヤマト建国は纒向《まきむく》と前方後円墳で説明されている。

三世紀初頭に奈良盆地の東南の隅、三輪山山麓《みわやまさんろく》（奈良県桜井市）のそれまで何もなかった扇状地に、忽然と都市が出現した。これが纒向遺跡だ。そしてこの中に三世紀半ばから四世紀にかけて（正確な時期は確定されていない）前方後円墳が造られ、これをヤマト建国と呼んでいる。前方後円墳という埋葬形態・信仰形態を各地の首長と共有することで、連合体の証とした。独裁王のいないゆるやかな政権だった。

ただ、ヤマト建国には、いくつかの謎が残された。その謎を掲げておく。

（1）ヤマト建国の直前の日本は、中国の歴史書に「倭国大乱《わこくたいらん》」と記録される状態にあった。ところが、ヤマトが建国されると、あっという間に平和な時代がやってきたのだ。まるで魔法でもかけられたかのように、戦乱の時代は収拾されたのだ。その真相をどうやっ

て知ることができるだろう。

（2）なぜ、それまでなにもなかった場所に、纏向遺跡が出現したのだろう。政治と宗教に特化された計画都市だ。しかも、多くの地域の首長が、まるで「この指とまれ」をするかのように集まってきている。これも、不思議でならない。

（3）多くの地域の埋葬文化が寄せ集められて、前方後円墳が完成した。前方後円墳は不思議な形で、しかも規模（面積）では世界最大級にのし上がっていく。ヤマトでどのような化学反応が起きて、奇妙奇天烈な墳墓が生まれたのか。

（4）纏向遺跡は邪馬台国だったのではないかとする説が有力視されるようになった。最先端の科学技術、炭素14年代法によって、初期の定型化した前方後円墳・箸墓《はしはか》（桜井市の箸《はし》中山古墳《なかやま》）の造営が三世紀半ばだった「可能性」が出て来たからだ。これは邪馬台国の卑弥呼の亡くなった時期と、丁度重なる。そこで、箸墓こそ卑弥呼の墓と考えられ、「邪馬台国はもう纏向で決まった」と豪語する考古学者も現れている。これは、本当のことなのか……。

どうやって、これらの謎を解けば良いのだろう。いまだに、明確な答えは得られていない。ヤマト（大和）が富を蓄え発展し、強大な勢力に成長し、みなに向かって、「ヤマトに集まろう」と呼びかけ、周囲が圧倒され靡《なび》いたというわけではなさそうなのだ。というのも、鉄器の保有

▲纏向遺跡（奈良県桜井市）

量に関していえば、ヤマトはむしろ過疎地帯だったからだ。

弥生時代の日本をリードしていたのは北部九州で、朝鮮半島にもっとも近く、彼我の往来には壱岐《いき》と対馬《つしま》が絶好の止まり木になるという地の利を活かし、交易によって富を蓄えていった。しかも、利器であり武器にもなる鉄を大量に保有し、他を寄せ付けない力と財力を誇示していたのだ。ヤマト建国の時点でも、鉄器の保有量は、北部九州が断トツだった。ならばなぜ、ヤマトに都が置かれたのだろう。

そしてこれらの謎を、地理から解けないだろうか。なぜ、「日本のはじまりが九州ではなくヤマト（大和）」でなければならなかったのだろう。

奈良盆地は天然の要害

すでに触れたように、奈良盆地は西側の山塊が天然の要害《ようがい》になっていた。瀬戸内海方面から攻めかかる敵は、たいがいこの山並みに阻まれた。時代は下り、楠《くすの》木正成《きまさしげ》も葛城《かつらぎ》山系を背にして、鎌倉幕府の大軍を撃破している。

神武《じんむ》東征説話で、生駒山を背に陣取る長髄彦《ながすねびこ》に、神武天皇は勝てなかった。

縄文人が西からやってくる稲作文化を奈良盆地でくい止めようとしたように、三世紀から四世紀の「ヤマト建国」も、実際には、「東の西へのレジスタンスが実を結んだのではないか」と筆者は考える。なぜなら、これまでの常識どおり、西側から東に攻め上った征服者がヤマトを建国したのならば、奈良盆地を都に選ぶはずはなかったからだ。奈良盆地は西からやってくる敵をはね返すことに適していたが、東から攻められたら、ひとたまりも無い。蹴散らしたと思っていた先住民に逆襲されるのが落ちだ。

名阪《めいはん》という国道（二五号線）がある。車の往来が激しく、制限速度が六〇～七〇キロなのに、地元の方は一〇〇キロぐらいのスピードで走っている。信号がなく、そのくせ合流レーンが恐ろしく短いインターがあって、途中から乗るときは、度胸が必要な時があるという恐怖の道である。ただ、福住《ふくすみ》インターから先の天理インターに向かう下りの長い坂道が、絶景なのだ。一気に奈良盆地に下っていくが、まるで天孫降臨をするような気分にさせてくれる。この高低差に、ヤマトの弱点が見えてくる。もしヤマトの敵が東側から現れて高台に陣取れば、ヤマトの政権は、震え上がっただろう。

かつての常識通り、武力を携えた強大な勢力が西側からやってきて政権を打ち立てたのなら、

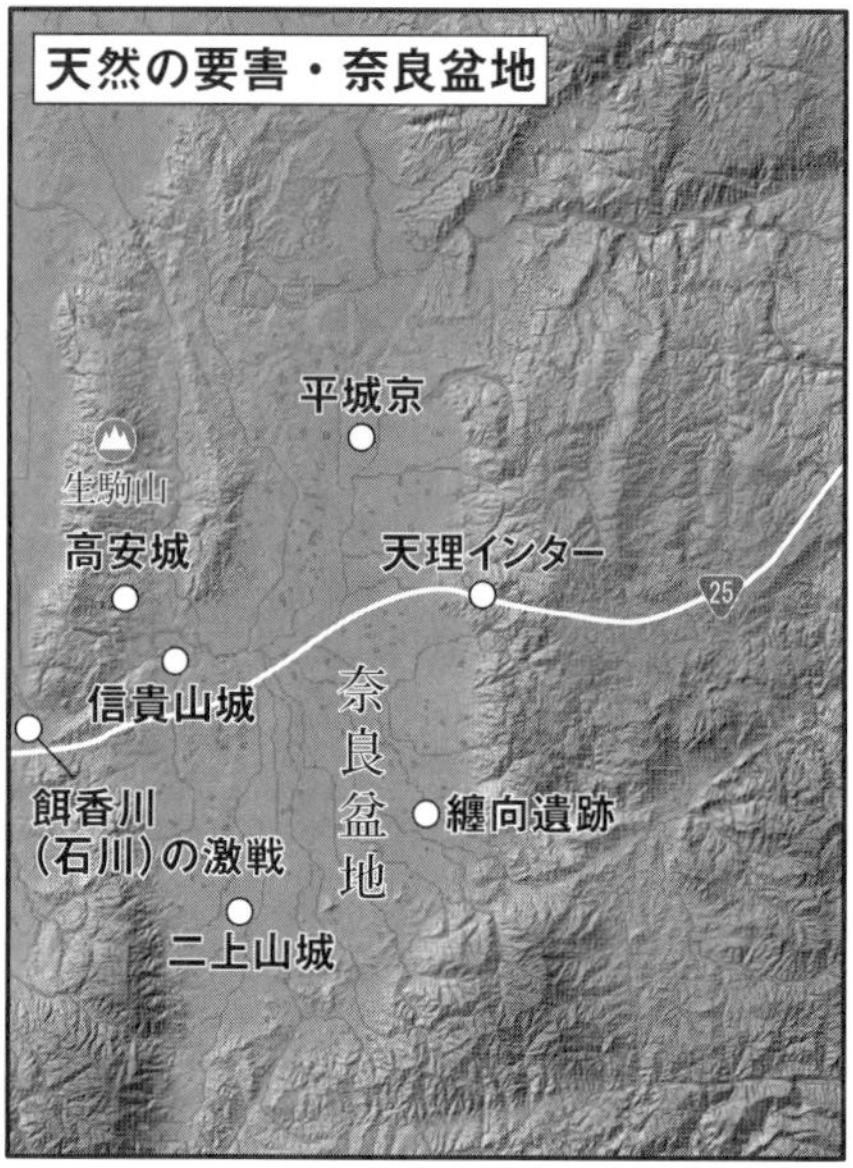

国土地理院・色別標高図を基に作成

奈良盆地は選ばなかっただろう。それは、名阪国道を走ってみれば、すぐに分かることなのだ。東の脅威を感じたら、ヤマトに住んでいられない。

奈良の地形が特殊だったために、思わぬ場所で、何度も合戦が起きてしまっている。それは、大阪府の奈良県寄りの一帯だ。大和川が大阪側に流れ下り、南側から流れてくる石川が合流するあたりは、古くから何度も合戦の舞台になってきたのだ。ちなみに当時の大和川は、石川と合流したあと、西ではなく、北に向かっていた。

最初は、用明二年（五八七）七月の、物部守屋と蘇我馬子の仏教導入をめぐる争いで、餌香《えが》川《がわ》（石川）で激戦が展開され、稲城《いなき》を築いて激しく抵抗した物部守屋だったが、聖徳太子の神通力を持って、ようやく蘇我馬子は勝利を得ている。

ヤマトから攻め下る蘇我馬子の勢力をくい止めるのに、河川を楯にしたわけだ。

▲同じ場所が戦場になる不思議

壬申《じんしん》の乱（六七二）の主戦場は琵琶湖周辺だったが、奈良盆地の争奪戦も勃発していた。東軍（大海人皇子《おおあまのみこ》勢）は盆地側から西軍（近江の大友皇子《おおとものみこ》勢）の陣取る高安城《たかやすのき》を奪い取ると、奈良盆地側から重要な峠道を封鎖し、西軍（近江の大友皇子勢）の盆地内への侵入に対処し、その上で河内《かわち》に攻め込んでいる。石川を渡り戦火を交えた（藤井寺《ふじいでら》市、羽曳野《はびきの》市、柏原《かしわら》市が戦場になった）が敗れ、退却し、ヤマトに敵勢が乗り込んできたところを、迎撃した。このように、壬申の乱でも、柏原市から県境付近で、戦闘がくり広げられていたのである。

古代だけではない。天文《てんぶん》十一年（一五四二）には、大和川と石川の合流点付近、柏原市の太平寺の一帯で戦いが勃発している。河内国《かわちのくに》をめぐる守護代らの争いだ。これがいわゆる太平寺の戦いである。石川、大和川流域だけではなく、信貴山城《しぎさんじょう》(奈良県生駒《いこま》郡平群《へぐり》町)、二上山《にじょうざん》城(奈良県葛城市）、高屋《たかや》城（大阪府羽曳野市）といった、やはり奈良県と大阪府の境を挟んだ戦闘になった。

そして最後は、慶長二十年（一六一五）五月、大坂夏の陣の小松山《こまつやま》の戦いだ。冬の陣のあと、大坂城の生命線である濠《ほり》を埋められてしまったため、後藤又兵衛や真田幸村らは籠城戦を不利とみて、豊臣方は討って出る策をとった。奈良盆地から二手に分かれて進軍してくる徳川勢を、大阪側に出てくる狭い道で、挟撃してしまおうという策だった。しかし濃霧というアクシデントで、行軍が遅れ、タイミングを逸し、結局小松山（大阪府柏原市）をめぐる攻防戦となってしまった。ここで、大阪側は敗れ、後藤又兵衛が討ち死にしてしまったのだ。

それにしても、なぜ石川周辺で何度も争いが起きていたのだろう。

物部守屋の場合、大軍と戦うために、土地勘のある地元で待ち受けたと捉えることが可能だ。しかし、それだけだろうか。小松山の戦いが、大きなヒントになっていると思う。後藤又兵衛らは、大軍を迎え撃つのだから、「平野部に出る前に討つ」という手に出たのだ。要は、奈良県と大阪府の県境の峠と狭い道を制することが、大目的だったのだ。

じつは、『日本書紀』神武東征説話の中に、興味深い記事が残る。瀬戸内側からヤマト入りを目指した神武一行だったが、徒歩で竜田《たつた》（奈良県生駒郡斑鳩《いかるが》町龍田）に向かおうとしたが、道が狭く、人が並んで歩くこともできなかった。そこで道を変え、生駒山を越えていくことにしたとある。やはり、大阪方面からもっとも一般的な奈良入りのルートにしても、狭くて進軍には向いていなかったのだ。大軍を迎え討つには、この「境目」が肝心要だった。

つまり、どちらが先に、要衝を奪い取ることができるかが、勝敗の行方を左右したのだ。壬申の乱の時、大海人皇子勢がいち早く県境付近をおさえ、その上で大阪に攻め入ることができたのは、「境目の争奪戦」を制したからだ。だからこそ、境目を奪われた側は、石川を次の防御線にして戦わざるを得なかったわけである。

奈良盆地は西側から攻めてくる敵に強かったが、西側の山並みと隘路《あいろ》を手に入れれば、東からやってくる敵にも対処できたのだ。ただし、地勢上、奈良盆地側に一度陣取れば、やはり中々西側の勢力は奈良に入ることはできなかったのだろう。

石川付近で戦闘がくり返されたのは、奈良盆地の西側の山並みを背にして陣取る敵とは戦いたくないという心理が働いたからだろう。

▲小松山古戦場跡（大阪府柏原市）

大阪府柏原市 HP を参照／国土地理院・色別標高図を基に作成

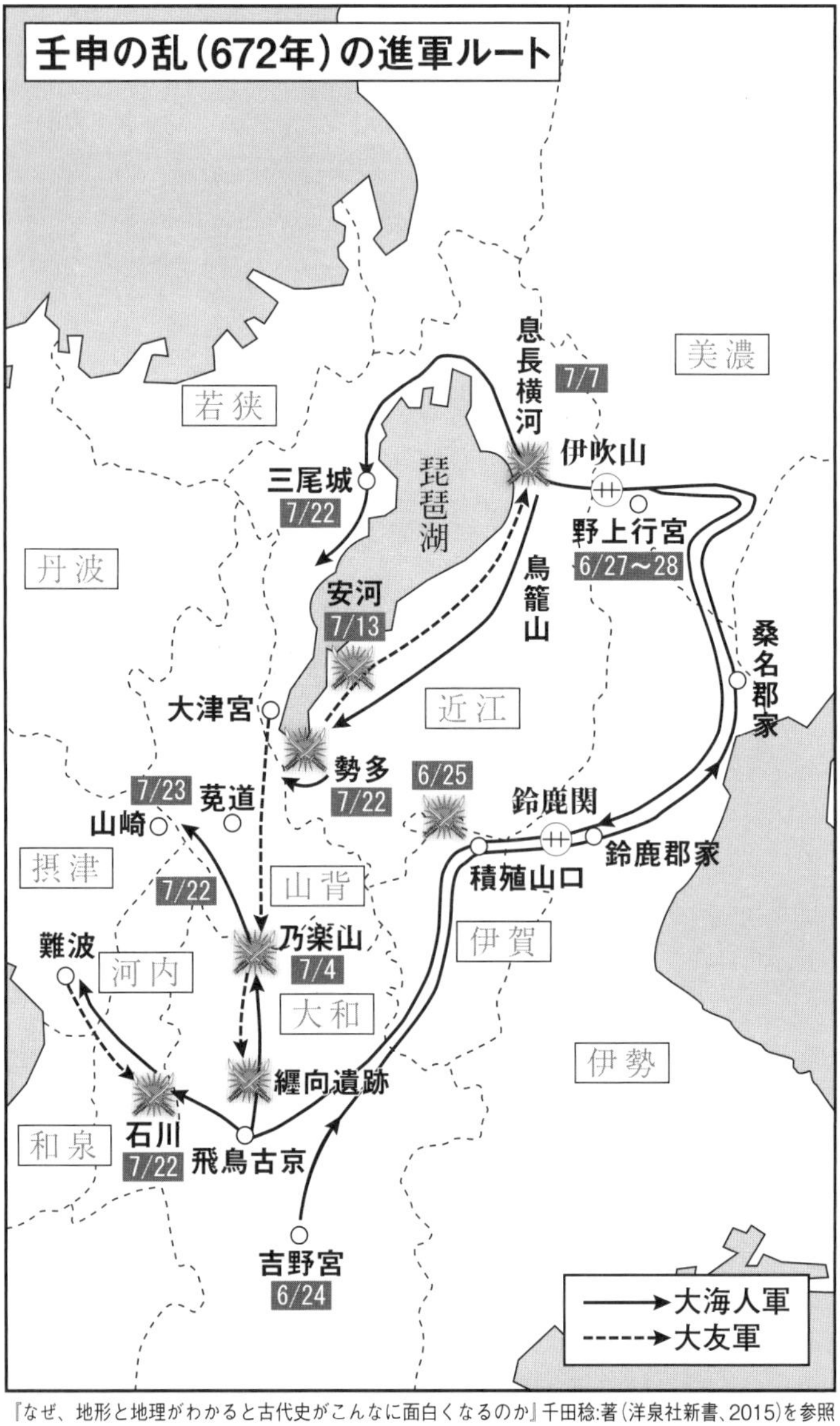

『なぜ、地形と地理がわかると古代史がこんなに面白くなるのか』千田稔:著(洋泉社新書、2015)を参照

東の敵を想定するなら平安京が最適

奈良盆地は西側からやってくる敵をはね返す力を持っていたのだ。

奈良盆地の西側の入口とその西側で頻繁に争乱が起きていたのは、奈良盆地の西側の隘路を手に入れた者が、天下を制すると信じられていたからだろう。

奈良盆地の西側には、朝鮮半島に続く海の道に通じていて、さらに、奈良盆地の東側は、人口密度の高い「東」がつながっていたのだ。流通の要が、大阪から奈良に続く道だった。

さて、西側からやってきた人たちが「東を仮想敵」に見立てて都を置くのなら、山城《やましろ》(京都府南部)の平安京が最適だと思う。理由は簡単なことで、近江方面から攻め寄せてきた敵を、狭隘《きょうあい》な「逢坂《おうさか》」(滋賀県大津市)で迎え撃つことができるからだ。ここも東西日本を分断する因縁めいた土地で、国道一号(旧東海道)、名神高速、京阪電鉄が折り重なるように敷かれ、さらに逢坂山にはトンネルが掘られ、JR東海道線、湖西《こせい》線、東海道新幹線が東西を結んでいる。ここは、交通の要衝であり、また、自由な往来の交通を妨げる「関」でもあった。

実際平安時代になると、「三関《さんげん》」といえば、愛発《あらち》関がはずされ、逢坂関を指すようになったほどだ。平安京にとってもっとも重要な、防衛上の拠点である。

ちなみに、藤原氏が逢坂と京都盆地の中間に位置する「山科《やましな》」を重視した理由も、「防衛」「戦略」という視点から考えれば、理に叶っている。平安京の東の「ツボ」をおさえた彼らの戦略

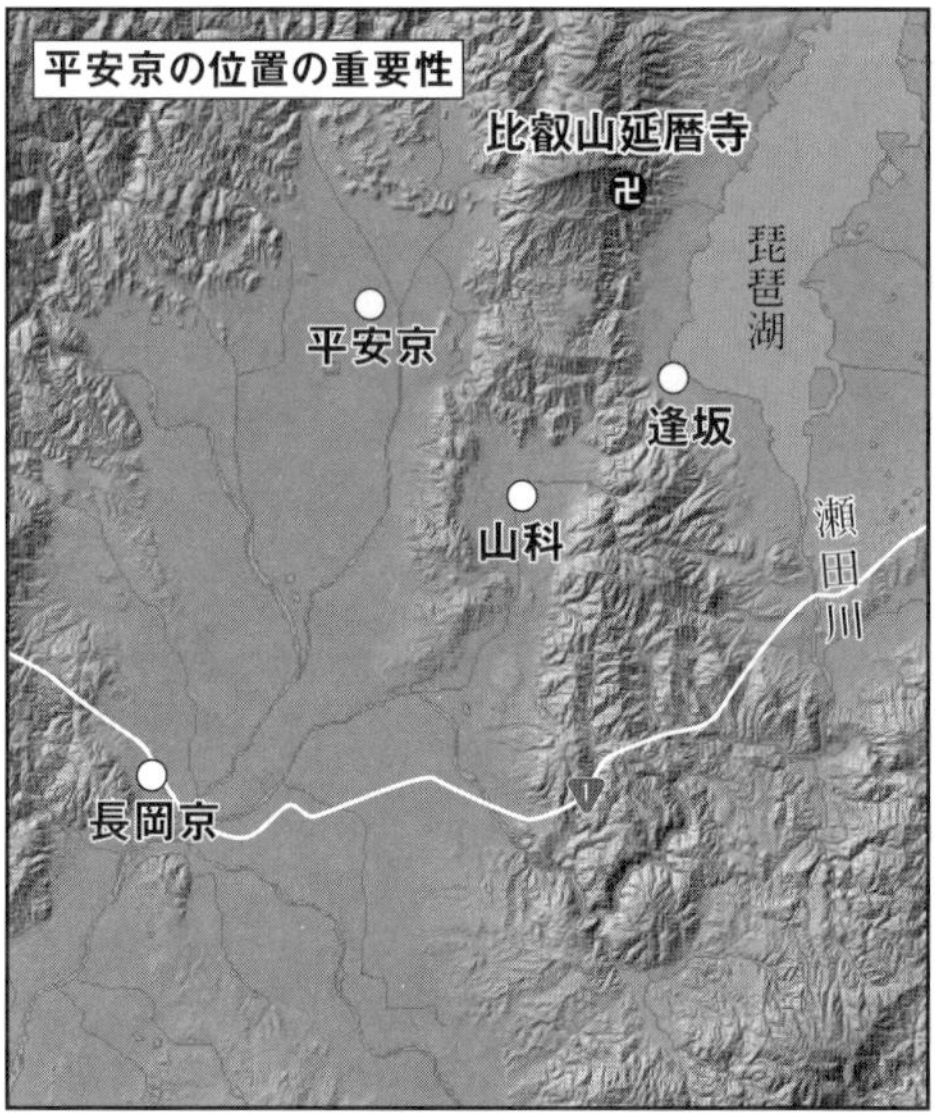

国土地理院・色別標高図を基に作成

眼には、舌を巻く。

竹村公太郎は、『日本史の謎は「地形」で解ける』（PHP文庫）の中で、この往来の様子を「頸動脈《けいどうみゃく》」とみなし、織田信長が比叡山の僧兵を恐れ延暦《えんりゃく》寺《じ》を焼き討ちにしてしまったのは、逢坂を比叡山の僧が守っていたから邪魔になったと指摘している。それだけが理由ではないだろうが、これまでに無い指摘で興味深い。

また竹村公太郎は、叡山《えいざん》の僧兵は天皇の親衛隊で、彼らが壊滅したことによって、「日本文明では天皇の権威と武士の政治権力と宗教の棲《す》み分けが確立した」というが、ヤマト建国時にすでに、天皇（ヤマトの王）は、祭司王だった。そしてこれも、ヤマト建国の大きな謎のひとつに挙げて良い。

ところで、平城京が捨てられ、長岡京（京都府向日《むこう》市、長岡京市、京都市にまたがる）、平安京が矢継ぎ早に造られた時代は、東北征討が本格化し、また泥沼化した時代でもあった。その理由は後に再び触れるが、朝廷が東国を恐れていたことはたしかで、逢坂を城壁に、さらに東の琵琶湖と瀬田川を外濠に想定していたと思われる。

◆奈良盆地にいて居心地がいいのは東の人間

奈良盆地にいて居心地がいいのは、西の人間ではなく、東の人間だと思う。これまでは、「先進の文物や人間は西からやってきて、ヤマトは西が主体になって造られたと信じられてきたが、この常識、一度疑ってかかる必要がありそうだ。

次の表を見てほしい。小山修三は縄文時代の人口をシミュレートしたことで有名だが、弥生時代の人口も試算している。そして、ヤマト建国直前の東側が、「なかなかがんばっていた」ことに驚かされるのである。

鉄器の保有量ばかりに目を奪われるから見落としがちだが、人口密度という点では、むしろ東側が西を圧倒しているのだ。やはり、ヤマト建国と「東」を無視することはできない。

ヤマト建国時に纒向にもたらされた土器の中で東海や関東の土器が過半数だったことについて、史学者たちは、「どうせ、労働力として狩り出されたのだろう」と斬り捨てるが、次の表を見れば、これまでの常識が吹き飛んでしまうはずだ。

ヤマト建国時、多くの人々はヤマトや尾張から西に向かい、北部九州に至っていたことが分かってきた。なぜ千数百年前の人の移動が把握できるかというと、当時の長旅では、「マイ土器」

を背負っていったからだ。また、移住先でも土器を造ったのだろう。だから、地方色豊かな土器が、方々で見つかるのだ。

問題は、「邪馬台国は北部九州にあって、東に移動してヤマトを建国した」というかつての常識が、この図だけで通用しなくなってしまうことだ。

そしてヤマト建国のビッグバンが、東海地方から始まっているように見える。尾張付近から東西に人が移動し、これに刺激されるかのように、人々が動き出したように見えるのである。

ヤマト盆地の東側に山塊が塞がっているが、初瀬《はつせ》川《がわ》に沿って、東に向かう道が縄文時代から

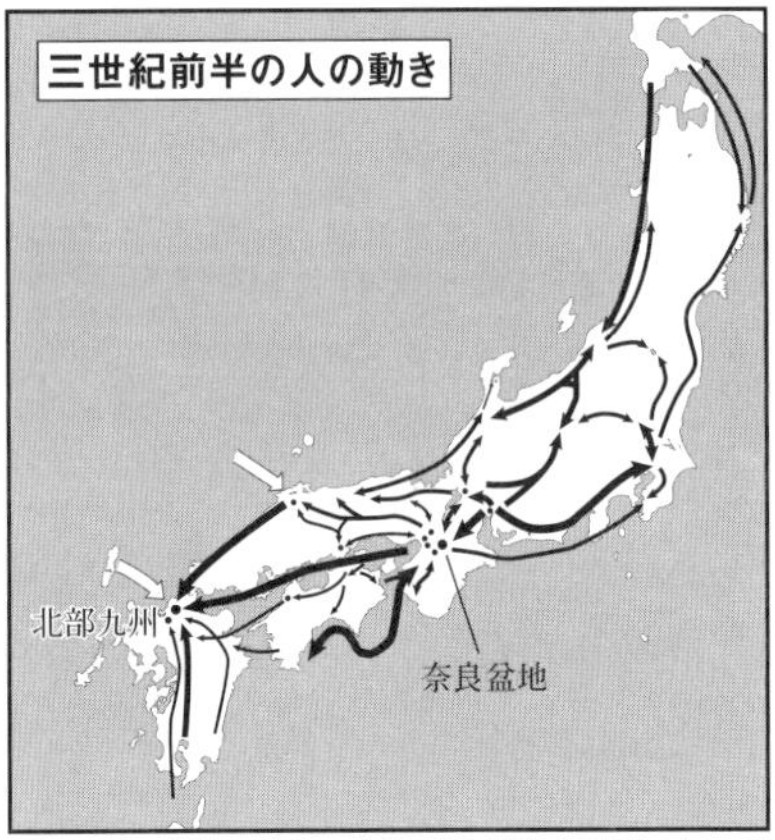

『旧石器・縄文・弥生・古墳時代 列島創世記（全集 日本の歴史 1）』松木 武彦：著（小学館、2007）を参照

縄文時代の人口と人口密度

	前期	後期	弥生
東北	19,200 (0.29)	43,800 (0.65)	33,400 (0.5)
関東	42,800 (1.34)	51,600 (1.61)	99,000 (3.09)
北陸	4,200 (0.17)	15,700 (0.63)	20,700 (0.83)
中部	25,300 (0.84)	22,000 (0.73)	84,200 (02.81)
東海	5,000 (0.36)	7,600 (0.54)	55,300 (3.95)
近畿	1,700 (0.05)	4,400 (0.14)	108,300 (3.38)
中国	1,300 (0.04)	2,400 (0.07)	58,800 (1.84)
四国	400 (0.02)	2,700 (0.14)	30,100 (1.58)
九州	5,600 (0.13)	10,100 (0.24)	105,100 (2.5)
全国	105,500 (0.36)	160,300 (0.55)	594,900 (2.02)

※(　)内は１平方キロあたりの人口密度

『縄文時代─コンピュータ考古学による復元』小山 修三：著（中公新書、1984）を参照

すでに存在したのだ。最初の都・纒向がその初瀬川からほど近い場所に造られたことを、無視することはできない。ヤマト建国を主導していたのは、「東側の勢力」だったのではないかと思えてくるのだ。東側からやってきたから、いつでも東に逃げられ、いざとなれば、東に応援を頼める場所を、本能的に選んだとしか思えないのである。

たとえば、現代の東京でも、東北から出てきた人たちは、東京の北側や埼玉県に住み、関西からやってきた人は、東京の西側に居を構える例が多いのだという。もちろん、帰省の際の交通の便が良いことが大きな理由だろうが、「少しでも故郷に近いところ」を選ぶのは、本能的なことではなかろうか。

ヤマト建国の事情に関しては、このあとじっくり考えるが、各地から諸勢力が集まってきたことは分かっていて、おそらく建国当初は、主導権争いがしばらく続いただろうし、疑心暗鬼も生まれただろう。だから、黎明期のヤマトは、緊張感に満ちた調整期間だったにちがいない。当然、いったんことが起きれば、一番安全な場所にいたいというのが、本心であろう。

そこで、具体的に、どこからやってきた人たちが、奈良盆地のどこに住んだのかを探っていくと、興味深い事実が浮かび上がってくる。

やはりみな、故郷にすぐに戻れる場所を選ぶのだ。それがもっとも分かりやすいのは、近江（滋賀県）を代表する和邇《わに》氏（枝族に春日氏や小野氏がいる）で、彼らが陣取ったのは、盆地の北側、現在の奈良市付近だ。藤原氏の氏神を祭る春日大社は、もともと和邇系春日氏の聖地だっ

▲吉備津神社（岡山市北区）

た。平城京遷都（七一〇）に際し、藤原氏に追い払われたわけである。

なぜ和邇氏は奈良盆地の北部を選んだかといえば、近江に近かったからだろう。瀬田川《せたがわ》（宇治川）を下り、木津川流域の南山城《みなみやましろ》から奈良盆地北部にかけて、勢力圏を広げていたのである。

生駒山の西側の河内に陣取ったのは、物部氏と中臣氏だ。

『日本書紀』『古事記』『先代旧事本紀《せんだいくじほんき》』などに、物部氏の祖は天磐船《あまのいわふね》に乗って、舞い下りてきたニギハヤヒ（饒速日命）とある。天神の子だから、天上界（高天原）からやってきたということになる。また『先代旧事本紀』によれば、中臣氏の祖は、饒速日命に従ってヤマトにやってきたとある。

邪馬台国北部九州論が優勢だった頃、物部氏は天皇家の尖兵になって北部九州からヤマトに乗り込んだとする説があり、有力視されていた。遠賀川《おんががわ》の下

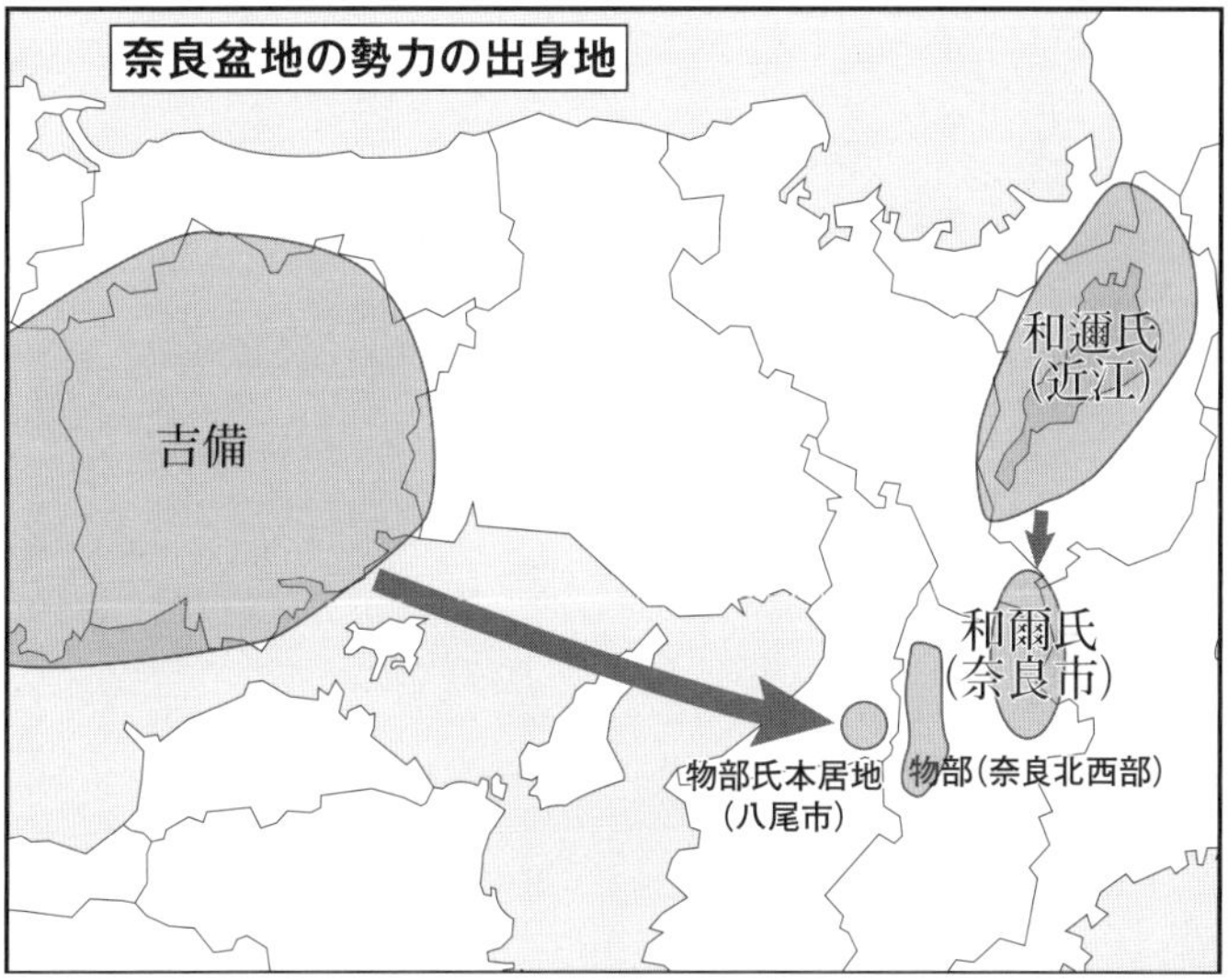

流域に、物部氏の密集地帯があり、これらの地域から、彼らはヤマトに移動したというのだ（谷川健一『白鳥伝説』集英社文庫）。

しかし、このあと触れるように、ヤマトに集まった土器の中に、北部九州のものはほとんどない。北部九州勢力は、ヤマト建国に完ぺきに出遅れていたのだ。ならば、「ニギハヤヒがいち早くやってきた」という設定を、どう考えれば良いのだろう。物部氏はどこからやってきたのだろう。

筆者は、ニギハヤヒは吉備《きび》（岡山県と広島県東部。のちの備前、備後）出身とみる。物部氏の本拠地（大阪府八尾市）周辺から、三世紀の吉備系の土器が出土していることが大きい。

もうひとつ、物部氏が西側からやってきたと思うのは、古代の大阪を支配し、さらに奈良盆地の西側一帯をおさえているからだ。

大阪府枚方市には磐船《いわふね》神社が鎮座し、ニギハヤヒが乗ってきた天磐船が巨大な磐座《いわくら》となって祀られている。このなだらかな峠を越えれば、奈良盆地だ。その先には、矢田坐久志玉比古《やたにいますくしたまひこ》神社（大和郡山市矢田町）が鎮座し、ニギハヤヒが天磐船から矢を三本射て、その一本がこの地に墜ちたと伝わる。蘇我系の聖徳太子が建立した法隆寺の一帯（斑鳩《いかるが》）も、元々は物部系豪族の土地だ。

奈良盆地の西側の入口をことごとく物部氏がおさえているように見える。

『日本書紀』の神武東征の場面で、神武天皇もニギハヤヒも「天神の子《あまつかみ》」と記され、だからニギハヤヒは神武天皇に王権を禅譲したと記されるが、これにはカラクリがある。ヤマトの王は祭司王であり、かたや物部氏は、もっとも重要なヤマト周辺の拠点を、しっかりおさえている。ニギハヤヒは名を捨て実をとったのだった。

そして、天皇は物部氏の祭祀形態を継承したのではないか、とする説があり（吉野裕子『大嘗祭』弘文堂）、事実他の豪族にはけっして見られない形で、物部氏は王家の祭祀に深くかかわっている。物部氏の呪文「一二三四五六七八九十布瑠部由良由良止布瑠部《ひふみよいむなやことふるべゆらゆらとふるべ》」も、天皇家は受け容れている。物部氏は、ただの古代豪族ではない。

ここで注目しておきたいのは、ヤマト建国の象徴となった前方後円墳のことだ。いくつかの地域の埋葬文化が寄せ集められて、あの独特な墳墓が生まれたのだが、吉備の影響力がもっとも強かった。前方後円墳の原型は、まず吉備に出現していたのだ。

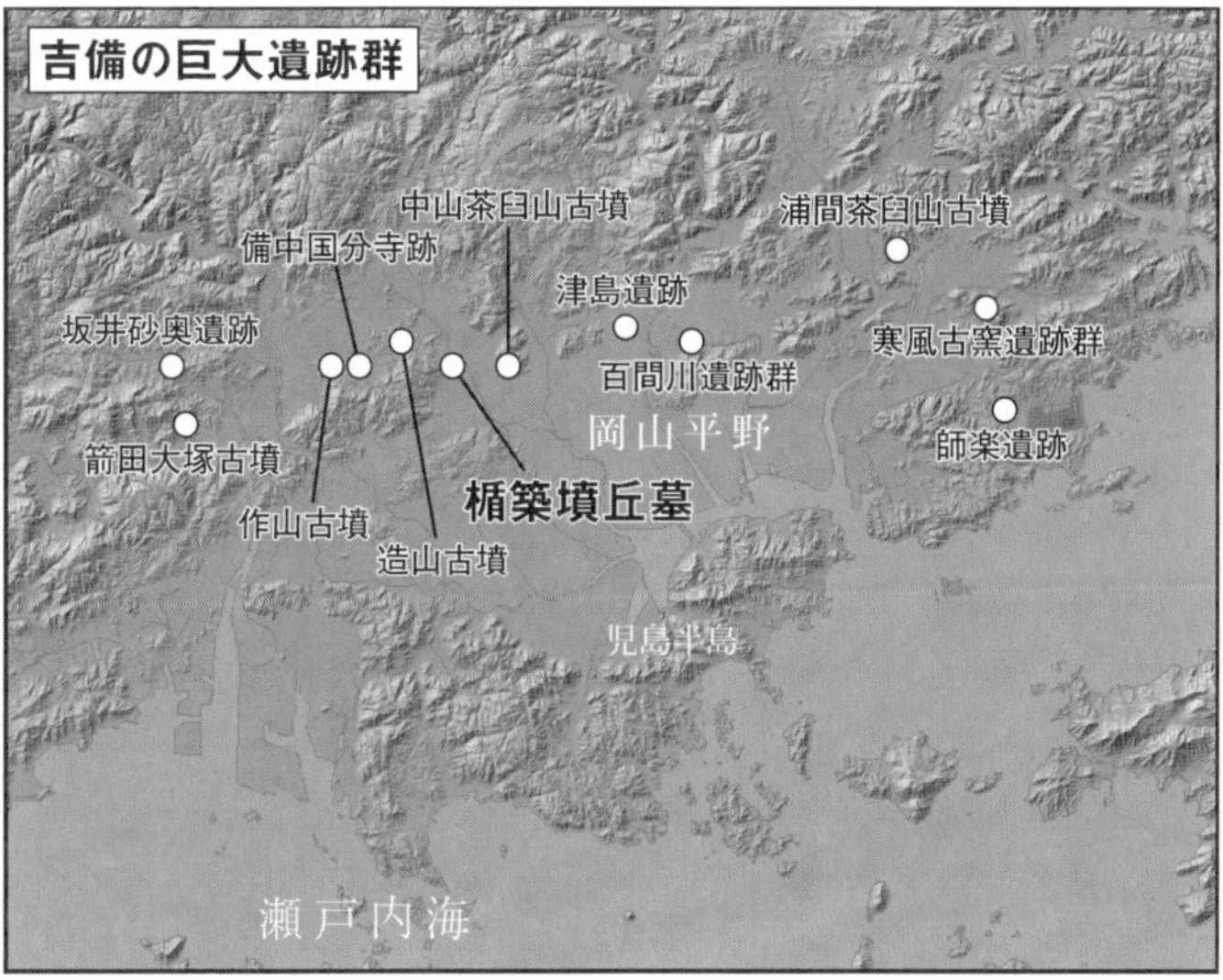

『一冊でわかる イラストでわかる 図解古代史』(成美堂出版、2013) を参照
国土地理院・色別標高図を基に作成

▲楯築神社の御神体・亀石

ヤマト建国の直前、吉備に楯築弥生墳丘墓《たてつきやよい》（岡山県倉敷市。双方中円式墳丘墓《そうほうちゅうえんしき》）が出現していたが、これは円形の墳丘の左右に方形の出っ張りが付け足されたもので、片方の出っ張りを削れば、前方後円墳になる。また、楯築弥生墳丘墓の墳丘上では、特殊器台《とくしゅきだい》形土器と特殊壺《つぼ》形土器が並べられたが、この土器も、前方後円墳で採用されている。物部氏の本拠地・八尾市でみつかったのが、この吉備の特殊器台形土器だ。物部氏が吉備出身で、しかもヤマトの祭祀の中心に立っていたにちがいないのである。

纒向を造ったのは東

「吉備からやってきた物部氏」がヤマトの西側と大阪をおさえ、ヤマトの祭祀形態を整えたのであれば、ヤマト建国の中心に立っていたのは「西からやってきた人々」ということになる。

ただし、それだけでヤマト建国の謎が解けるわけではない。吉備からやってきた人たちが、奈良盆地の西側に陣取ったとするならば、盆地東南部の纒向には、他の誰かがおさまっていた可能性がある。筆者はそれが「東の誰か」ではないかと疑っているのだ。

纒向に集まってきた外来系の土器は、伊勢・東海四九％、山陰・北陸一七％、河内一〇％、吉備七％、関東五％、近江五％、西部瀬戸内三％、播磨三％、紀伊一％で、東海と関東、近江を足せば、半数を超えてしまう。これに対し、吉備の土器は少ないが、質の高さは、断トツで、すでに述べた特殊器台形土器と特殊壺形土器だった。だから多くの史学者は、東からやってきた土器の数を、無視する。ヤマト政権が、東の人間を労働力として連れてきたというのだ。先進の文物は常に西から東に流れたという「常識」から抜け出せないのだ。

しかし、すでに紹介した、ヤマト建国前後の人の流れと、弥生時代の人口密度を考え合わせれば、これまでほとんど注目されてこなかった「東」こそ、ヤマト建国という大事件の中で、もっとも重要な役割を担っていたのではないかと思えてくる。東国の人間がヤマト建国のきっかけを造ったから、東国への通路でもある奈良盆地南東部に、最初の都（纒向）が造られたのではないかと思えてならないのである。

もちろん、ただの思いつきでこんなことをいっているのではない。ヤマト建国の前後、伊勢湾沿岸部（尾張地方）と近江に、思わぬ物証が出現しているからだ。それが、伊勢遺跡（滋賀県守山市から栗東《りっとう》市にまたがる）と前方後方墳である（前方後円墳ではなく、前も後ろも四角の古墳）。

伊勢遺跡は佐賀県の吉野ヶ里遺跡に匹敵するほどの、弥生時代を代表する環濠《かんごう》集落で、邪馬台国の時代と一部重なるのだが、知名度が低すぎる。遺跡を復元保存しなかったこと、邪馬台国論争の「地理的な枠に収まっていなかった」ために、騒がれなかったのだろう。しかし、内容は充実しているし、じつに個性的な巨大な建造物が存在したのだ。

そして無視できないのは、ヤマト建国とほぼ同時に、伊勢遺跡が衰退していたことだ。これを、どう考えれば良いのだろう。近江の伊勢遺跡の住民が、ヤマトに移動した可能性も、否定できない。

まず前方後方墳が全国に散っていった

そこで問題になってくるのが、前方後方墳である。

そもそもなぜ前方後円や前方後方という形が生まれたのだろう。

前方後円墳は、円形の周溝墓《しゅうこうぼ》に陸橋《りつきょう》が付け足され、橋の部分が発展し、「前方部」になったもの。かたや前方後方形は、方形の周溝墓に、陸橋が足され、これが発展したものと考えられている。これらが立体的になって前方後円墳や前方後方墳になった。

かつて前方後方墳は、前方後円墳を頂点とするヤマト政権の創り上げた埋葬序列のヒエラルキーの中に組みこまれていたと信じられていた。そして前方後方墳は、纒向に出現した初期の前方後円墳（纒向型前方後円墳）から派生したと信じられてきたのだ。前方後円墳はヤマトの王家や、地方の強大な勢力圏の王（首長）の墓だ。それに準じた者に、前方後方墳の造営が認められた、というものだ。しかし、近年、異なる発想から、前方後方墳の意味が、再発見されようとしている。

植田文雄は『「前方後方墳」出現社会の研究』（学生社）の中で、これまでの常識を覆す論考を発表している。纒向、近江、東海の土器編年を見直し、前方後方墳出現の実年代を再考した

▲前方後方墳（下侍塚古墳・栃木県大田原市）

のだ。その結果、前方後方墳は纒向遺跡が誕生するほぼ同時代に近江に出現していたと結論づけた。

植田文雄は出現期の前方後方墳を五期に分け、第一期の最初の前方後方墳は神郷亀塚《じんごうかめづか》古墳（滋賀県東近江市）と推理した。全長は約三六・五メートルで、築造が始まったのは弥生時代後期末で、完成したのは、遅くとも「庄内式古段階（庄内式土器の誕生は纒向遺跡出現時）」だったことが判明したという（前掲書）。つまり、最初の前方後方墳は、纒向遺跡とほぼ同時に生まれていたのだ。また、すぐあとに、伊勢湾沿岸にも前方後方墳は伝わったが、このあと五期までの間に、意外なことが起きていたようだ。植田文雄の指摘を、要約しておく。

（1）ヤマトと四国の一部を除く各地の首長が前方後円墳ではなく、前方後方墳を採用していた。

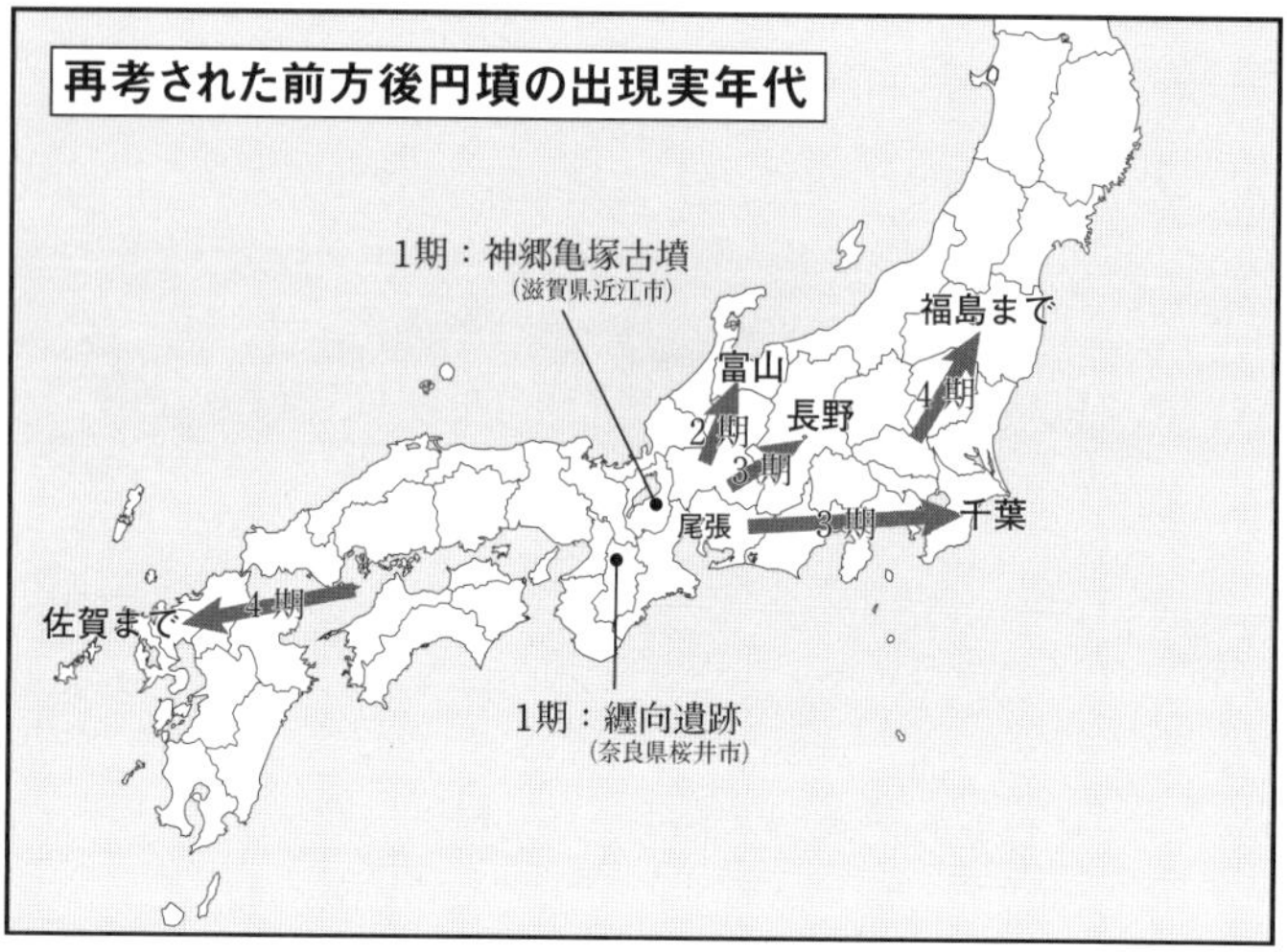

（2）築造の法則や設計図が存在していた可能性が高い。相似形、同規格の前方後方墳がみつかっている。

（3）前方後方墳の規模にばらつきがあり、階層分化の兆しが見受けられる。

（4）九〇～一二〇メートルの巨大前方後方墳が造られるようになる。

前方後方墳は、近江と尾張で造られたあと、まず東に伝播していく。二期には富山県に、三期には、千葉県や長野県、石川県、そして畿内にも伝わった。四期には全国で五十一基の前方後方墳が造られていた。近江、東海、北陸、関東、東北南部（北限は福島県）、播磨、北部九州（西限は佐賀県）に、そして五期には、日本全国に伝播したのだった。

また東の太平洋や日本海沿岸に沿って、手焙《てあぶり》形土器や廻間《はさま》式高坏《たかつき》といった、近江や濃尾の土器文化も伝わっていったという。

この「前方後方墳の出現」は、これまでの常識を、根底から覆しているのである。

ヤマト建国とは本州と九州の戦い?

くどいようだが、前方後円墳はヤマト建国のシンボルだ。三世紀半ばから四世紀にかけて、纒向に前方後円墳が誕生した。纒向型の初期の前方後円墳から、「完形」の前方後円墳が出現したと考えられている。その代表的な前方後円墳が、箸墓(箸中山古墳。奈良県桜井市)で、最先端技術の炭素14年代法によって、造営が三世紀半ばまでさかのぼる可能性が出て来た。そのため、箸墓こそ卑弥呼の墓ではないかと推理され、「邪馬台国はヤマトで決まった」と騒がれたが、これは勇み足だ。

まず、炭素14年代法には誤差があって、特に邪馬台国の時代の「誤差の幅」が大きい。測定された数値から、数十年の年代幅を想定しなければならない。箸墓の場合、もっとも古く見積もれば三世紀半ばであり、四世紀の可能性も否定できない。

百歩譲って箸墓が三世紀半ばの造営としても、だからといって、箸墓が卑弥呼の墓という証拠は、何もみつかっていない。卑弥呼の死と同時期にヤマトの纒向に古墳が造られたとしかいえないのだ。だから、箸墓を根拠に邪馬台国を語ることは、現段階では無意味なのだ。

そのことよりも、ここで問題にしたいのは、ヤマト建国の謎だ。箸墓が造られ、その後前方後円墳が、日本各地に伝播していくことで、各地の首長たちは、前方後円墳という埋葬文化を受け容れ、先進の威信財をヤマトからもらい受けることで、ゆるやかな連合体を形成するようになったのだ。だからこそ前方後円墳の完成が、ヤマト建国を意味していたのである。

なぜ、前方後方墳が先に全国に伝わり、そのあとを追うようにして、前方後円墳が広まっていったのだろう。

そしてなぜ、三世紀初頭に、鉄器の過疎地帯だった奈良盆地に、人々が集まりはじめ、あれよあれよという間に纒向が整備され、前方後円墳が出現し、各地の首長がヤマトに靡いていったのだろう。弥生時代後期の「倭国大乱」が、なぜ突然、平和な状態に収斂《しゅうれん》していったのだろう。そしてここに、「前方後方墳」がどのようにからんでいくのか……。地理の知識を駆使して、この謎を解くことは可能なのだろうか。

そこで思い出していただきたいのは、奈良盆地が、「西からの攻撃に頗《すこぶ》る強い」という事実、そして、纒向に北部九州の土器がほとんどやってきていないという事実だ。ヤマト建国とはひょっとして、「九州と本州の戦い」だったのではあるまいか。強大な先進地帯北部九州から身を守るために弱い者たちがヤマトに集結した可能性だ。

ただそうなると、前方後方墳から前方後円墳へつながっていった過程の説明が、まだできないでいる。なぜ前方後方墳が先に拡散したのか。それにもかかわらず、なぜそのあと前方後円墳が優勢になったのか……。それでいて、前方後方墳はしばらく造られ続けた。その理由を、「地理と地形」で読み解くことは可能だろうか。

朝鮮半島の先進の文物を運んだのは日本の海人？

ヤマトの纒向遺跡とほぼ同時代、邪馬台国は日本のどこかに存在していた。だから古代史論争の中で、ヤマトと邪馬台国は密接にからんでくるし、邪馬台国がヤマトそのものであった可能性もある。逆に、敵対していたかもしれない。ただ、その様子を「魏志倭人伝」が記録していなかったために、邪馬台国のみならず、ヤマト建国の歴史もややこしくなってしまったのだ。また、前方後方墳と前方後円墳の謎も、ヤマト建国問題の謎に、拍車をかけている。複雑な構図だからこそ、謎は深まる一方なのだ。

そこで、話を単純化するためにも、前方後方墳の謎を離れて、ヤマトと九州の関係について、考えてみよう。

すでに述べてきたように、ヤマト建国といえば、かつては「先進の文物を大量に保有していた九州勢力が東に移ったのだろう」と考えられていた。『日本書紀』も、「天皇家の祖は九州からやってきた」といい、朝鮮半島→北部九州→瀬戸内海→ヤマトという人と文物の流れで、説明がついたのである。

ところが、纒向遺跡の発掘が進み、北部九州の土器がほとんどみつからないことが分かってみると、ここに大きな謎が生まれたのだ。そして、北部九州にはヤマト建国後、巨大な前方後円墳は造営されていない。

そもそも、なぜ北部九州が、弥生時代の最先端地域だったのだろう。それは、朝鮮半島にもっとも近いから、というだけではない。壱岐や対馬という止まり木が備わっていたことも大きな要因だった。そしてもうひとつ大切なことは、日本が島国だったことだ。しかも山がちで、対馬がそうだったように、海に飛び出して生活の糧を得ていたのだろう。そして、旧石器、新石器（縄文）時代から、綿々と続いてきた、「海人《あま》の伝統」があったのだ。

さて、弥生時代以降、多くの先進の文物が朝鮮半島からもたらされたとなると、運んでいた人間も、渡来系、あるいは朝鮮半島の人々と思われるかもしれない。しかし、担い手になったのは、壱岐や対馬、九州西北部の海人たちであり、彼らは日本列島に古くから住んでいた人々だった。

それからもうひとつ、誤解を解いておきたいのは、一方的に文物が朝鮮半島からもたらされたのではないということだ。ここを誤解しているから、真実の歴史が見えてこないのだ。

「魏志倭人伝」には、次の記事が残る。対馬の描写だ。

対馬は絶遠の地にある島で、四方は四百里あまり。山が険しく、深い森に覆われている。道

は獣道のようで、千あまりの家があり、良田はない。海産物を食して自活し、船に乗って南北に市糴《してき》（交易）をしている。

次に、一支国《いきこく》（壱岐）が登場する。

四方は三百里あまり。竹林、叢林《そうりん》が多く、三千ばかりの家がある。少しだけ田地があり、田を耕しているが、それだけでは足らないため、やはり南北に市糴している。

さらに海を渡ったところも、「農民の国」ではなかった。海を渡って千余里、九州島に上陸した末盧国《まつらこく》の記事だ。唐津《からつ》市付近と思われる。

四千戸あまり住んでいる。山海にそって暮らしている。草木が良く生い茂り、前を行く人が見えないほどだ。好んで魚や鰒《あわび》を捕らえて食す。水深が深くても浅くても、みな潜って捕る。

九州といえば、稲作が最初に伝わった土地だから、水田地帯が広がっているように想像しがちだが、意外にも、唐津の周辺は、「草がぼうぼうに生えていて、前を進んでいる人間も、みえやしない」と、びっくりした様子が描かれている。しかも、海の幸を潜って捕る様子が、描かれている。

島国と大陸の意識の違い

「魏志倭人伝」の記事は興味深い。中国大陸や朝鮮半島の感覚でいえば、「農業では食べていけないから、仕方なく海に出ているのだろう」と感じただろうが、それは、大きな誤解だったはずだ。島国育ちと大陸育ちでは、海に対する発想が、根本的に違っていたのだ。

陸づたいにどこまでも行ける大陸の人間にとって、一歩間違えれば沈没して命を落とす海は恐ろしく、海人の気持ちは理解できなかっただろう。船に乗るのは、まっぴらごめんと思ったにちがいない。だから対馬や壱岐の海人の「市糴《してき》」を、「食えないから仕方なく海に出ている」と解釈したのだろう。

なぜ対馬の海人が大活躍したのか、対馬を一度訪ねれば理解できる。あそこは、農耕民や騎馬民族的感覚で観れば、住める場所ではない。平地がほとんどない。島全体が、山と谷なのだ。日本列島に稲作文化をもちこんだ渡来人たちも、対馬は素通りしたことだろう。しかし海人たちには、楽園だったのだ。

戦後の史学界は、朝鮮半島から大量の渡来人が日本に押し寄せたと信じてきたし、お恵みを頂戴するように、あらゆる文化をもらい受けていたと解釈してきた。しかし、これはまちがいだ。

▲対馬・浅茅湾

文物は一方的に流れるわけではない。必ず彼我の間に損のない取引があったはずだ。だからこそ「魏志倭人伝」には、「南北市糴」と記されていたのであって、対馬や壱岐、唐津の海人たちが、盛んに海を渡り交易し、生活の糧にしていたのである。

また、朝鮮半島側の史料『三国史記』には、「倭人がたびたび襲ってきた」と記録している。大陸や半島の人間は、命を賭して船に乗るという発想に乏しかったのであり、かたや縄文時代から大海原に果敢に飛び出していた島国の人々は、優秀な漁師であるとともに、商人でもあったのだ。北部九州と朝鮮半島をつなぐ交易の担い手は、縄文系の人々だったのである。

稲作民に、「航海に行ってこい」とけしかけても、それは無理というものだ。渡来人が海を渡ってきたのは、「命からがら逃げてきた」からであり、その後の朝鮮半島と九州島の交流に一役買っていたわけではあるまい。

縄文的な海人の活躍

朝鮮半島と北部九州をつなぐ海域を自由自在に往き来していたのは、縄文時代から継承されてきた航海技術を携えた人々だっただろう。弥生時代前期の北部九州の人骨は、当然のことながら、渡来系の影響を受けたものが多いが、西北九州、対馬、壱岐は、縄文的な骨格を守っている。遺伝子学的にも北西九州の人々に縄文的な血が残っていることが分っている。だから、『後漢書《ごかんじょ》』倭伝に、「建武中元二年《けんむちゅうげん》（五七）に倭の奴国《なこく》が朝貢してきた」といい、「印綬《いんじゅ》を下賜《かし》した」とある奴国の人たちも、おそらく縄文的な海人だった可能性は高い。

奴国一帯を支配していた古代豪族は阿曇《あずみ》氏で、神功皇后が新羅征討をしたとき、磯良丸《いそらまる》（阿曇氏）なる者を、先導役（楫取《かじとり》）に命じたと伝わる。この話は象徴的で、波の荒い玄界灘を越えて行くには、潮の流れを熟知した専門職の海人を召し抱える必要があったからだ。その阿曇氏が信州に地盤を持っていたのは、縄文時代から引き継がれていた日本列島を覆う海人のネットワークがあったからだろう。丸木舟を造るには、まっすぐな巨木が必要で、そのために山岳地帯に拠点を造る必要があったし、海人は塩や貝を交易品として、内陸部にもちこんだのである。

ちなみに、弥生時代を代表する環濠集落として世間の注目を集めた吉野ヶ里遺跡は、有明海のすぐ近くに位置しているのだが、農耕の痕跡はほとんどなく、商都として栄えていたようだ。

北部九州といえば、渡来系稲作民に蹂躪《じゅうりん》されたイメージが強いが、よくよく考えてみれば、朝鮮半島との交流を支えていたのは稲作民ではなく、特殊技能を携えた、縄文系の海人だったわけだ。

「魏志倭人伝」は、倭人について、「男子は黥面文身《げいめんぶんしん》（入墨）をしている」といい、また「サメなどの敵から身を守るために入墨をし、倭人の水人は好んで水に潜っていた」とある。これは稲作民の習俗ではない。縄文時代から継承された、海人の民俗である。

日本の海人を考える上で、鍵を握っていたのは、縄文的な海人の存在である。

縄文時代の対馬には、西北九州から石器がもたらされ、黒曜石は朝鮮半島にも渡っていた。越高《こしたか》遺跡（長崎県対馬市上県町越高ハヤコ）から、縄文前期初頭の轟《とどろき》式土器や曽畑《そばた》式土器がみつかっている。もちろん朝鮮半島と交流の証拠、朝鮮半島系の土器も出土している。朝鮮半島の土器は、九州の縄文土器の影響を受けていたという指摘がある。

弥生後期後半の壱岐のカラカミ貝塚からは、アワビやサザエの「高級食材」の貝殻が出土しているが、これらは「貴重な輸出品」だったのではないかと考えられている。また、天然真珠はアワビからとれるのだが、「魏志倭人伝」には、大量の真珠を倭国が送り届けてきたと記されているところから、真珠が壱岐の特産品で、輸出していた可能性も高い。

稲作を選択したのは縄文人？

弥生時代の到来と共に、稲作民が大挙して日本列島に押し寄せてきたと、長い間考えられてきた。北部九州に上陸した彼らは、あっという間に東に移動し、稲作は広まり、また、天皇家の祖は、朝鮮半島からの征服者と、漠然と誰もが信じていたのだ。

しかし、東洋史学者の江上波夫の唱えた騎馬民族日本征服説は、考古学的にはやばやと否定され、纒向遺跡に九州の痕跡がほとんどみつからなかったことから、「朝鮮半島↓北部九州↓ヤマト」と、征服者が移動してきた可能性も、低くなった。

残された問題は、稲作文化を携えて海を渡ってきた人たちが、日本人の祖先なのか、ということだ。

まず、炭素14年代法によって、弥生時代の始まりが、数世紀早まり、紀元前十世紀ごろだったことが分かってきて、これが大きな意味を持っていた。これまで九州から東に、稲作民が先住の縄文人を蹴散らし制圧していったというイメージがあったが、実際には、ゆっくりとしたペースで、伝播していったことになるからだ。

北部九州の発掘が進展して、稲作伝播後の周辺の変化と動きも見えてきた。渡来人たちは、まずコロニーを形成し、稲作をはじめ、少しずつ周囲の人々も、稲作を受け入れ、融合していった様子がみてとれる。渡来人が周囲を圧倒したわけではなかったのだ。

そして、縄文時代と弥生時代の区切れ、境目がどこなのか分からないようになってきている。弥生土器に縄文的な文様が残ったり、稲作民の集落の墓に、縄文人的な骨格の遺骨が埋納されたりと、稲作民が北部九州を席巻したというかつての常識は、通用しなくなってしまったのである。

考古学者の金関恕《ひろし》は『弥生文化の成立』（角川選書）の中で、弥生時代の始まりを、次のようにまとめている。要約する。

（1）稲は遅くとも縄文時代後期に日本に伝わり、陸稲《りくとう》として栽培されていた。
（2）朝鮮半島南部とはかねてより密接な交流があり、縄文人が主体的に必要な文化を取捨選択した。
（3）縄文人と弥生人は当初棲み分けを果たし、在地の縄文人が、自主的に新文化を受容した。
（4）弥生時代の初期ではなく、そのあと、まとまった移住があったのだろう。

かつての常識は、やはり覆されたのだ。ただし、（4）に関しては、異論もある。たしかに、現代人に占める渡来系の遺伝子は、相当な割合を占めている。しかし、違ったアプローチで、この謎を解いた学者がいる。それが中橋孝博だ。どういうことか、説明しよう。

日本人のなりたち

弥生時代の始まりが紀元前三世紀と信じられていた時代には、渡来人が百万人規模でやってきたと考えられていたが、弥生時代の始まりが数百年遡ったことで、少数渡来、先住の縄文人と融合、その後の人口爆発という仮説が浮かびあがってきたのだ。その上で、シミュレーションをしたところ、渡来系住民が人口比一〇パーセントと仮定して、一・三パーセントの人口増加率で、三百年後には、渡来系の住民が全住民の八〇パーセントに達することが分かった。人口比を〇・一パーセントと極めて低く見積もっても、二・九パーセントの人口増加率で、同じ結果が得られたという。

要は、本格的に農耕を始めた人たちだけが、増殖していったのだ。採集狩猟民族は、必要以上の殺生を避け、縄張りを守るのに対し、農耕民は余剰を生み、子供が増え、その子たちのために、新たな農地が開墾された。弥生時代に戦乱が勃発したのは、土地の奪い合いが起きたからである。

なぜ弥生時代の渡来人と人口爆発の話をしたかというと、日本人の成り立ちを知りたくなったからだ。少数の渡来者が先住の縄文人の中に紛れ込み、融合し、子や孫が生まれ、日本列島で育った。彼らは渡来系の血が濃いのに、「列島人（先住民、縄文人）よりも列島人（先住民、縄文人）らしい」とからかわれるほどに、同化していったにちがいない。そして、顔は渡来系に見えながら、すっかり列島人になっていったのだ。

また、古い水田は海岸に近い地域に造られていた。弥生前期の終わりか中期になって、ようやく最先端の稲作技術がもたらされたのか、内陸の扇状地や谷などに、水田が広がった。だから当初から爆発的に水田が増えていったわけではない。

また、四国や九州など西日本の山村では、長い間焼畑農業が営まれてきたが、その文化や生活様式は、東南アジアや中国南西部の「稲作以前」の文化とよく似ていて、稲作伝来以前から継承されてきたものと考えられている。

もちろん、古墳時代から七世紀にかけて、多くの人々が朝鮮半島の動乱から逃れてきたことも、忘れてはなるまい。しかし、日本の文化、信仰の原型は、一万年続いた縄文時代に求められるのであり、それは、弥生時代の到来と共に消し去られたのではなく、継承され、民族の三つ子の魂となって、脈々と生き続けたのだ。北部九州の発展は、稲作がいち早く到来したからではなく、縄文の伝統を継承した勇敢な海人が、「南北市糴《してき》」したからである。

この、交易を生業としていた沿岸部や島嶼《とうしょ》の人々と、土地を耕す人々の間には、同じ北部九州に住んでいても、意識の差は大きかったと思われる。北部九州といえば、一枚岩のように考えてしまうが、同じ地域のなかにも、生業と利害を異にする人々が暮らしていたという、あたりまえすぎるほどあたりまえのことを、まずここで、再確認し、その上で、話を進めていこう。

ヤマト建国に果たした北部九州の役割だ。

北部九州の地勢上の弱点

鉄という、厄介な文明の利器がある。

あまりにも便利で、農具にすれば生産性を高め、武器にすれば殺傷力が強く、しかも大量生産が可能と来ている。一度鉄を手に入れた権力者は、その入手ルートを独占し、製造方法を秘匿するものなのだ。だから、鉄は奪いあいになる。

朝鮮半島に近く、優秀な海人と、止まり木となる島々を握っていた北部九州の首長たちは、鉄の独占を目論んだはずだ。

朝鮮半島南部（のちに伽耶《かや》や新羅《しらぎ》と呼ばれる地域）に、鉄資源が眠っていた。そして、方々から鉄を求めて人々が集まっていたのだ。『魏書《ぎしょ》』東夷伝《とういでん》には、次のようにある。

国は鉄を出す。韓《かん》、濊《わい》、倭《わ》、皆従て之を取る。諸市買うに皆鉄を用う。

『後漢書』東夷伝にも、そっくりな記事が載る。貿易に際し、鉄を貨幣のようにして取引していたともある。

ここにある「倭」とは、日本列島の人々だろう。鉄を採りに行ったのは、海人たちであろう。彼らは優秀な水夫であり、商人、技術者でもあった。ここでも、北部九州沿岸部から対馬にかけての海人たちが活躍したにちがいないのだ。

そして北部九州の人々は、「最悪の場合でも、ヤマトに鉄を渡してはならない」と考えていたのではなかろうか。なぜなら、すでに触れたように、ヤマトは西側に対する防御が鉄壁だったからだ。もし仮に、ヤマトに鉄が流れ込み、発展したら、北部九州はこれを討ち滅ぼすことができない。逆に、ヤマトは朝鮮半島に続く重要なルート上に位置する北部九州が、邪魔になるだろう。当然、力と富を蓄えれば、いずれ攻め込んでくるのは間違いない。そのとき、北部九州に勝ち目はなかったのだ。

ここでいよいよ、地理と地形が大きな意味を持ってくる。まず、ヤマトが北部九州勢力を攻めるなら、どこから兵をすすめるだろう。北九州市付近から船団を西に進め、福岡市の手前に上陸し、福岡平野を北側から攻めるのが、正攻法だろう。

そしてもうひとつ、背後から攻めなければなるまい。その場合、有明海から上陸するという手がある。さらに、東側から攻めることも可能だ。じつは、北部九州には、防衛上のアキレス腱があった。それが、大分県日田《ひた》市の盆地だ。瀬戸内海側から攻めてくる敵に日田盆地を奪われれば、これを奪還することはむずかしい。筑後川は筑紫平野を悠々と流れるが、上流に向かうと日田盆地の手前で狭まり、大軍が攻め上ることは困難だ。逆に、日田盆地から船団を組み流れ下れば、筑紫平野にすばやく兵を展開できる。現実に軍団が川を下ってこなくても、筑紫平野の諸勢力にとって、日田は潜在的な脅威になる。さらに、沿岸部の首長たちにすれば、海

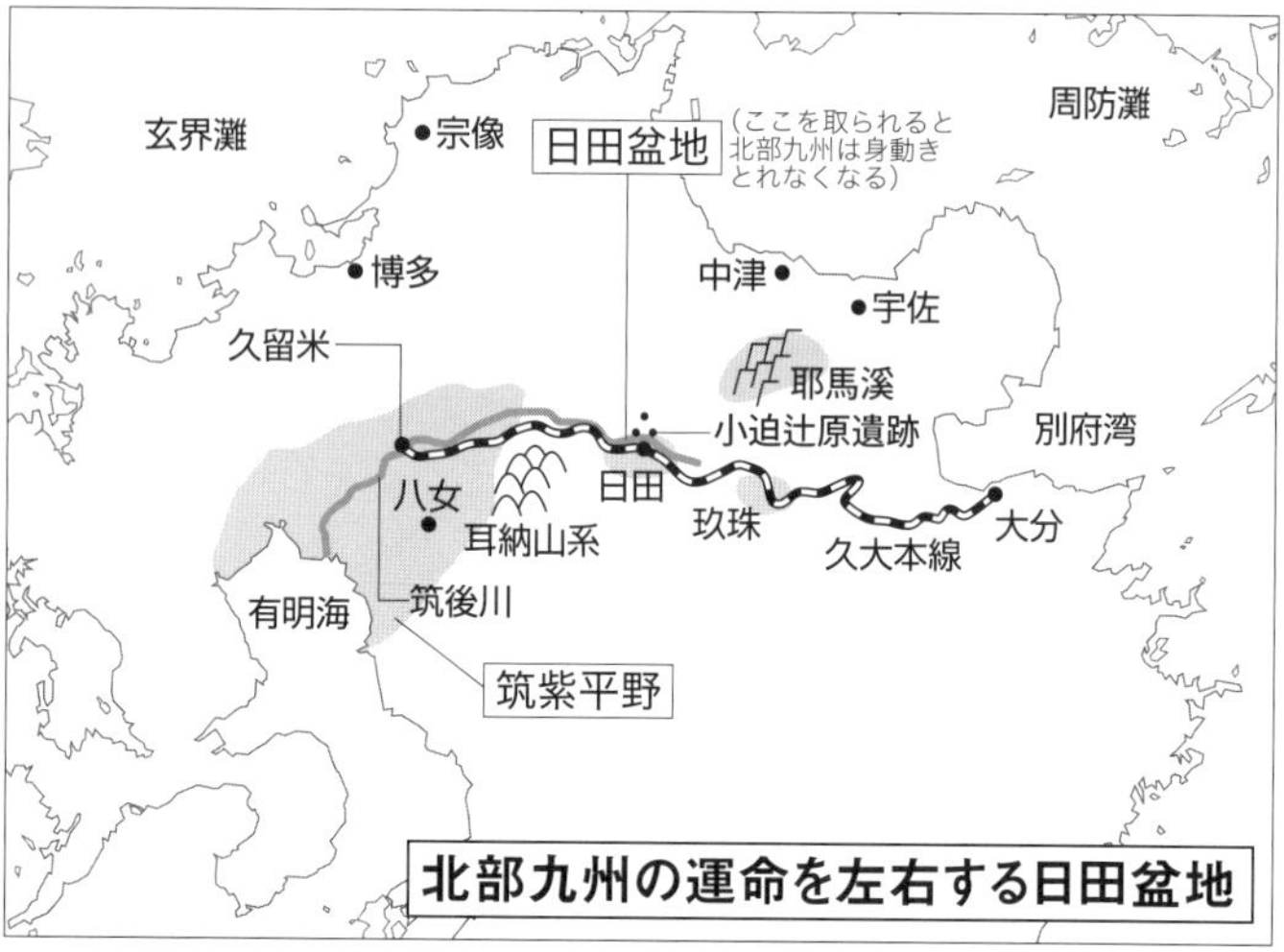

北部九州の運命を左右する日田盆地

と背後から襲われる恐怖を抱え続けなければならない。

興味深いのは、ヤマトに纒向遺跡が誕生した時代とほぼ並行して、日田盆地の北側の高台に、政治と宗教に特化された環濠（あるいは環壕）集落が出現していて（小迫辻原遺跡《おざこつじばる》）、纒向の盛衰とほぼ重なっていること、遺跡から畿内と山陰系の土器が出土していたことだ。ヤマト政権は、日田を奪っていたようなのだ。この事実は無視できないし、ヤマト建国の目的や過程が、日田から見えてくるのではあるまいか。

ちなみに、日田に楔を打ち込むことで、北部九州は身動きがとれなくなることは、戦略家ならみな分かっていたようだ。近世に至っても、徳川幕府は北部九州の地政学を良く心得ていて、日田を天領（幕府直轄領）にしている。

「東の政権」は、日田を必要としたのだ。そして、弥生時代後期、北部九州の諸勢力は、自身の弱みとヤマトの強みを知っていたからこそ、鉄を独占しようと考えたのだろう。

　北部九州は、「積極的にヤマトを締め上げる策」に出たようなのだ。ここで出雲と吉備が鍵を握ってくる。

日本の流通を支えた関門海峡

　弥生時代後期に、出雲は急速に鉄器を獲得していく。そして、吉備にも、鉄が流れ込み、ふたつの地域が一気に発展する。出雲の四隅突出型墳丘墓が巨大化し、越《こし》に伝播した。そしてヤマト建国直前の吉備には、楯築弥生墳丘墓（岡山県倉敷市）が出現し、これが前方後円墳の原型になったのではないかというのは前述した通りだ。ところが、ヤマトには、鉄はほとんど入っていない。ここに大きな謎がある。

　こういう説がある。北部九州勢力はヤマトに鉄を渡さないために、「地理」を利用したのではないか、というのだ。つまり、川のような狭い関門海峡を封鎖し、瀬戸内海経由でヤマトに鉄が流れることを阻止した。そして、日本海ルートを潰すために、出雲と手を組み航路を監視させ、その見返りに、出雲には鉄を流し、また、そのおこぼれにあずかったのが吉備ではないか、というのだ。

大いにあり得ることだし、有力視されている考えだ。

日本を見渡せば、因縁めいた地形は各所に散らばっているが、関門海峡は、もっとも特徴的な場所だ。

ちなみに、「関門」は、「関所のようだったから」つけられた名ではない。「下関《しものせき》」と「門司《もじ》」の間に横たわる海峡だから、「関門」となった。ただし、昔は馬関《ばかん》海峡と呼ばれ、さらに古くは「赤間関《あかまのせき》」と呼ばれていた。物部系の赤間氏が支配していた場所で、「関」と名がつくところから、ここが交通の要衝であり、しかも、通行を制限、管理されていたことが分かる。

関門海峡は東は満珠島《まんじゅしま》のあたり、西は馬島《うましま》、六連島《むつれじま》までの約二五キロに渡る水域だ。周防灘《すおうなだ》（内海）と響灘《ひびきなだ》（外海）を結ぶ海峡で、内と外両方に「灘（航海の難所）」とあるのは、潮流が早いためだ。

関門海峡でもっとも幅の狭い場所は六〇〇メートル。潮の満ち引きで、最大約九・四ノット（一ノットは時速約一・八キロ。自転車並みのスピードで潮が流れることになる）の流れが生まれるという、海の難所でもある。

源平合戦最後の壇ノ浦の戦いは、まさにここでくり広げられた。潮の流れに乗った源義経が勝利したことは、よく知られている。平家はここから九州に逃走すれば助かっただろうに、滅亡の道を選んだのは、交易によって富を蓄えようとした政権ゆえに、関門海峡を失えば、生きていけないことを知っていたからだろう。

幕末の文久三年（一八六三）、長州藩は攘夷を実行するために、馬関を通過する外国船に砲撃を加えた。翌年、イギリス、フランス、アメリカ、オランダの連合艦隊が長州藩の砲台を砲撃し、上陸した（下関戦争）。このあとイギリスは長州藩に関門海峡の首根っこに当たる彦島の借款を要求したが、高杉晋作が断固拒否し、事なきを得た。この時彦島を奪われていたら、その後の日本の流通はイギリスに支配されていたかもしれない。アングロサクソンの戦略眼、地政学的な直感は、恐ろしい。それほど、関門海峡は日本全体に、大きな影響を及ぼす場所で、しかも因果な地形なのである。

潮の流れに逆らって進むのはまず不可能で、船の往き来を監視し海峡を管理するのは楽だっただろう。ほぼ一方通行であり、潮待ちをする場所も、限られていたにちがいない。忌宮《いみのみや》神社の沖合の満珠島、干珠《かんじゅ》島が関門海峡の入口と目されているのは、おそらくこの島の周辺で潮待ちしたのだろうし、事実、源義経の船団は、このあたりに最初集結していた。

古代最大の豪族・物部氏が関門海峡の両岸を支配していたのは、ここを手に入れた者が、日本の流通と軍事を差配できるからだ。本州島と九州島を隔てる海の幅が、たった六〇〇メートルだったことが大きな意味を持っていたのであり、だからこそ、関門海峡の奪いあいが起こり、ここを支配する者が現れたのである。

▲関門海峡

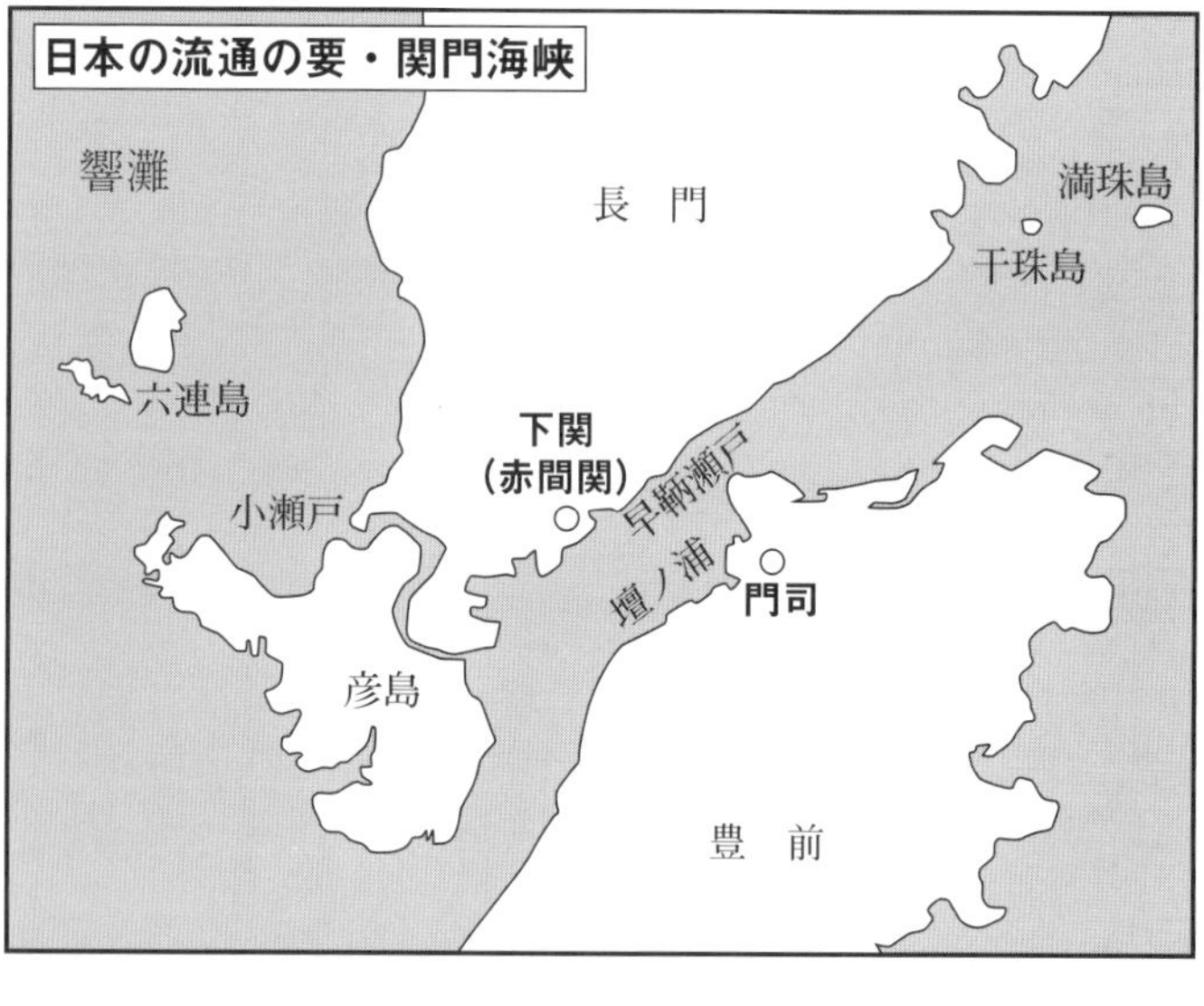

山陰地方の意外な地理

日田盆地という地勢上のアキレス腱を抱えた北部九州勢力は、テリトリー内にある関門海峡を利用すれば、ヤマトを封鎖できると考えただろう。そして事実、ヤマトと周辺は、干上がった。北部九州の目論み通り、鉄の過疎地帯になったのである。

ならば、ここからどうなるとヤマト建国につながっていくのだろう。なぜ、鉄器の過疎地帯に忽然と人々が集まりはじめたのだろう。「この指とまれ」をするように、一気に集まった理由はどこにあったのか。そのきっかけは何か。誰が仕掛けたのか。そしてなぜ、北部九州は出遅れたのか。この謎を、地理から解くことは可能だろうか……。

そこで今度は、日本海と山陰地方に注目してみよう。

日本は稲作の文化を継承していると漠然と信じられているが、水田に適した土地は、それほど多いわけではない。近世や近代に至り、治水事業が進み、水田地帯も増えていったが、山がちで、平原があったとしても、見渡す限りの湿地帯ということが多かった。だから、畑を耕し、アワなどの雑穀栽培も盛んに行われていたのだ。稲作だけが、古代人の生業ではなかった。

そういう視点で、山陰地方の地図を改めて見やると、興味深い事実に気付かされるはずだ。平地が少なく、海の側まで丘陵地帯なのだ。山口県から東に進んでいくと、日本海に、高台がせり出している。島根県東部に至って、ようやく広々とした出雲平野に出る。ただし、島根半

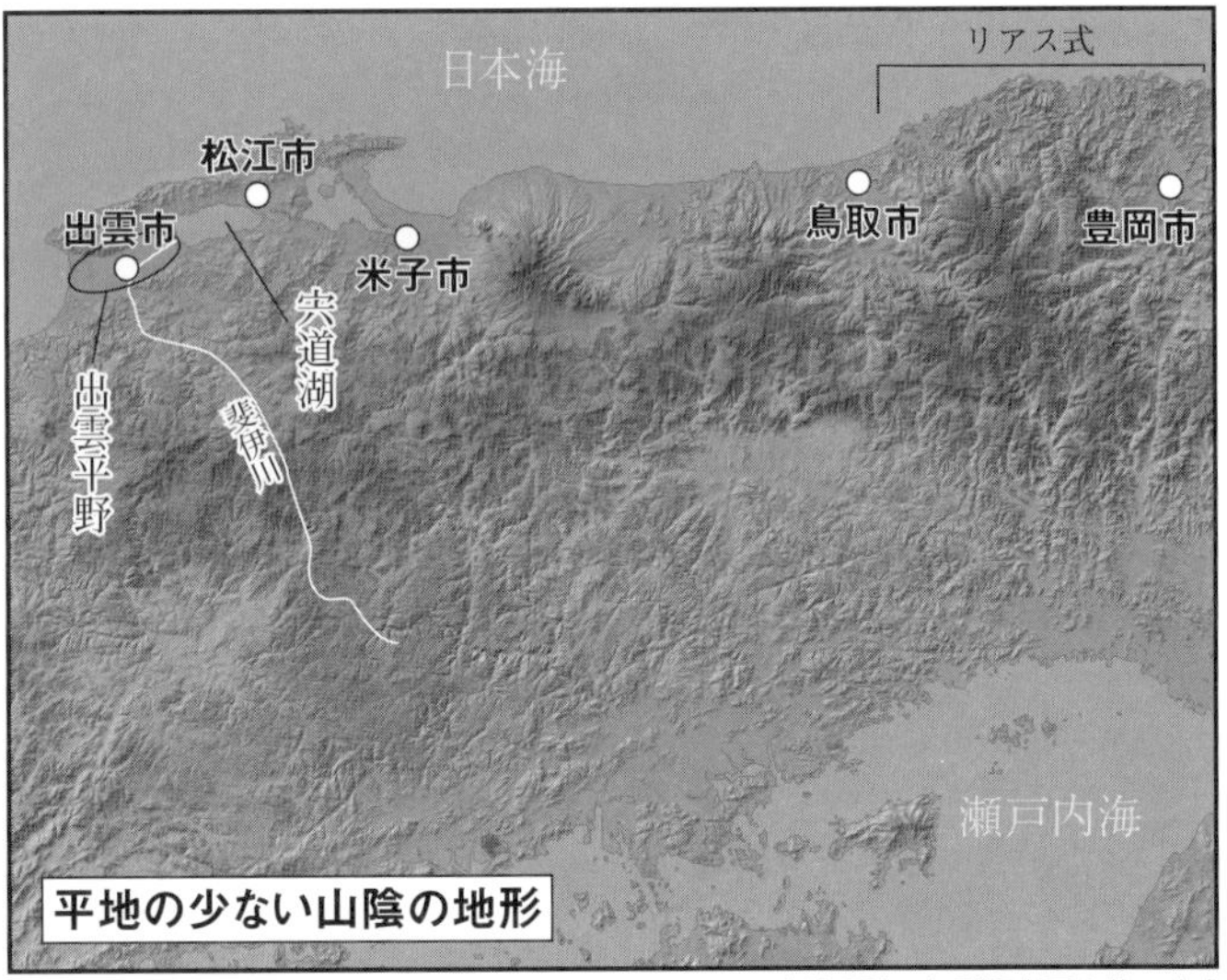

平地の少ない山陰の地形

国土地理院・色別標高図を基に作成

島は古くは島で、斐伊川《ひいかわ》が運ぶ土砂が積もって、平野となり、陸続きになった。

今は便利になって、ｗｅｂ上で衛星写真も自由に閲覧できる。北部九州と比べて、山陰地方の平地がいかに少ないか、確かめてみればいい。そして、出雲市、松江市、米子市、鳥取市という現在の市街地周辺が、山陰地方のめぼしい平地であることも、ご理解いただけるだろう。四隅突出型墳丘墓も、この地域で盛行し、さらに越に伝わっていったのだ。

そして、山陰地方で、もう一か所、特筆すべき奇妙な地形を有した土地がある。それが豊岡盆地なのだ。

鳥取市から豊岡市（兵庫県）にドライブすると、予想外の景色に驚かされる。海岸線がリアス式になっていて、峠をいくつも超えていく。山陰本線の余部《あまるべ》橋梁《きょうりょう》が、ちょうどこ

▲出雲国庁跡（島根県松江市）

▲西谷墳墓群・四隅突出型墳丘墓（島根県出雲市）

▲余部鉄橋（兵庫県美方郡）

の区間にあるといえば、地形のイメージが湧くだろうか。

昭和六十一年（一九八六）十二月二十八日、回送中の列車が強風で煽られ、高さ四一メートルの旧余部鉄橋から地上の缶詰工場に落下し六名の死者を出す事故が起きた。

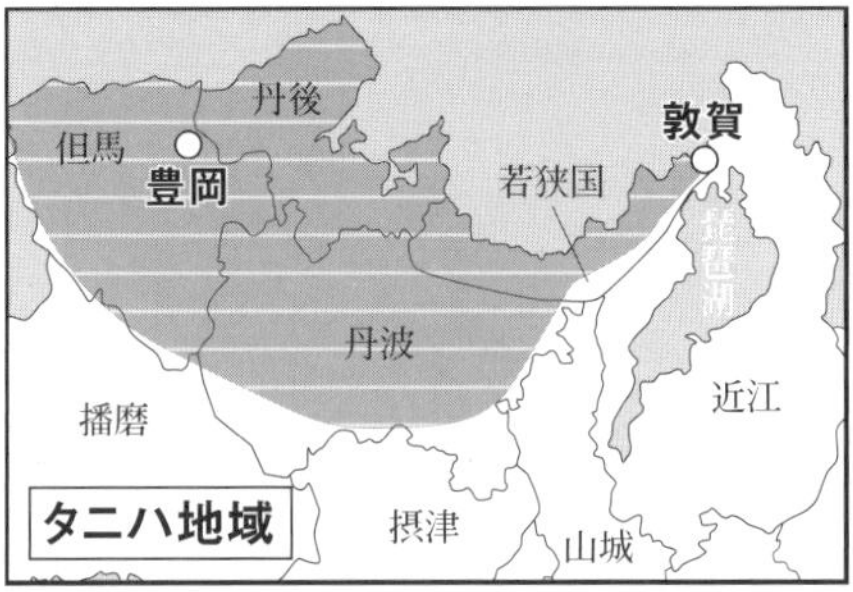

要は、平地のない地形なのだ。東西の交流は、明治時代に山陰本線が開通するまで、「船で往き来」するほかは無かっただろう。この「簡単に隣の集落に歩いて行けない土地」が、鳥取市の東部から奥丹後半島基部の網野海岸（京都府京丹後市）まで続いているのだ。これが、延長約七五キロの、山陰海岸

国立公園だ。有名な景勝地に、浦富海岸《うらどめ》（鳥取県岩美郡岩美町）がある。

そして、丁度このリアス式海岸がエアカーテンになっていたようで、四隅突出型墳丘墓は越（北陸）に伝わっているが、但馬《たじま》、丹波（丹後も含む北近畿）、若狭の人びとは、無視している（筆者は兵庫県豊岡市から福井県敦賀市に続くこの地域を「タニハ」とひとくくりにしている）。

この、陸路を断たれた日本海側のふたつの地域が、ヤマト建国と大いにかかわっていたように思えてならない。ふたつに分かれた日本海勢力のそれぞれの思惑が、意外な副産物を産み出していくのである。

不思議な豊岡の地形

ここで無視できないのが、山陰海岸国立公園の東側に位置する旧但馬国の豊岡盆地なのだ。ここは、

▲豊岡円山川河口

不思議な地形をしていて、海の民の楽園だった可能性が高い。
豊岡の海岸地帯には急峻《きゅうしゅん》な山がそびえ、その間を円山川《まるやまがわ》が通り抜けている。狭い河口部から、内陸に進むと、両側に高台が迫り、しばらく進んで、ようやく広い平らな土地に出られる。まるで、子宮のような地形をしている。このため、豊岡は平野ではなく、盆地とみなされているのだ。

鳥取県側から見て、豊岡に向かうには、陸路は難儀するため、船を用いただろう。ただ、豊岡の盆地に入るためには、円山川の両岸の山並みに睨まれる。まるで関門のようなイメージだ。もし西側が豊岡を攻め寄せるとしたら、海岸部の狭い「関」を通り、さらに、円山川を遡らねばならず、ここで激しい抵抗に遭ったことだろう。豊岡盆地は、守る側にとっては、これ以上にない土地だった。当然、海の民は城塞として堅く守り、彼らは楽園をつくりあげたにちがいない。その証拠に、袴狭《はかざ》遺跡（兵庫県豊岡市出石《いずし》町）から、古墳時代前期（四世紀初頭）の「大船団の線刻画」が出土している。長さ一九七センチ、幅一六センチ、厚さ二センチの杉

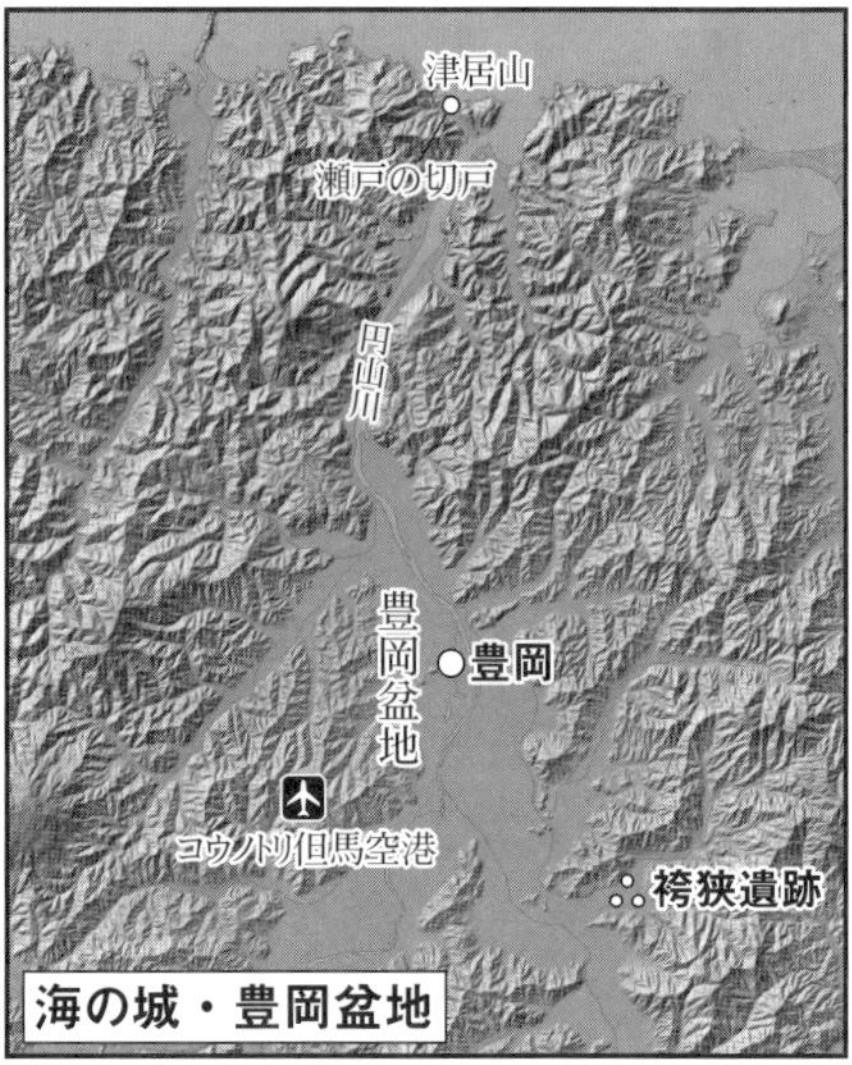

海の城・豊岡盆地
国土地理院・色別標高図を基に作成

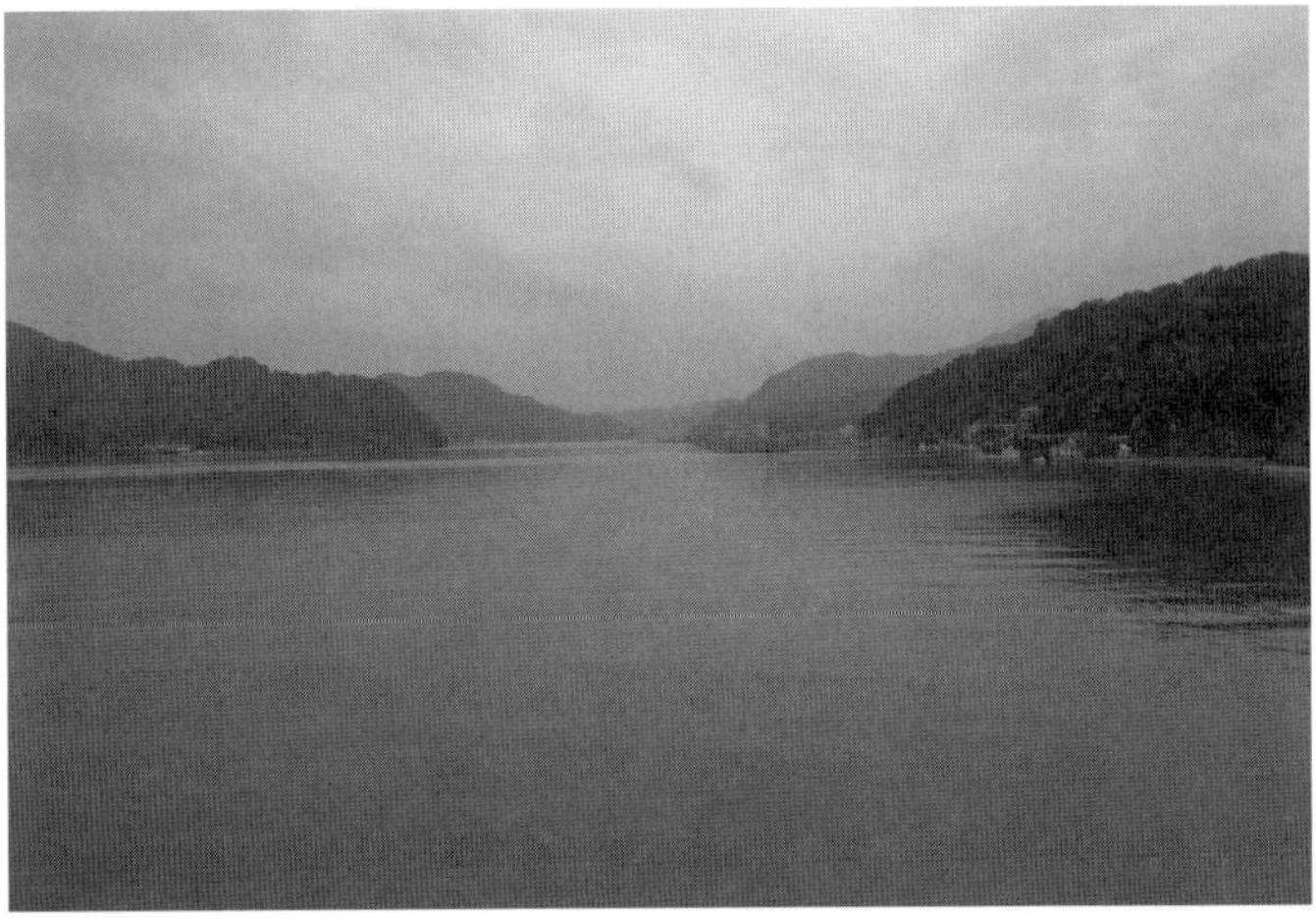
▲豊岡円山川上流・市街方面

材に、十六隻の外洋船（準構造船）が、巨大な船を守るようにしている様が描かれていたのだ。豊岡と海のつながりが、はっきりと分かる。

　出雲で盛行した四隅突出型墳丘墓が但馬、丹波に伝わらず、直接越に伝わったのは、「豊岡という海の要塞」が存在したからではないか……。そして、ここに棲みついたのが、アメノヒボコだったことは、注意を要する。

　アメノヒボコは第十一代垂仁《すいにん》天皇の時代に来日した新羅《しらぎ》の王子だ。ヤマトの実在の初代王が第十代崇《す》神《じん》天皇と考えられているから、アメノヒボコも、ヤマト黎明期の人とみなしてよい。

　筆者はアメノヒボコを、朝鮮半島の歴史書『三国史記』に登場する脱解王《だっかいおう》の末裔と推理している（拙著『蘇我氏の正体』新潮文庫）。「倭国の東北千里の多婆那《たばな》国」から朝鮮半島に渡って新羅王になったのが脱解王で、「多婆那国」は「丹波」や「但馬」と思われる。倭人が鉄を求めて朝鮮半島南部に渡っていたことは中国の文書にいくつも記録されている。その中の成功者が、脱解王であり、その末裔がアメノヒボコであろう。アメノヒボコが日本列島に「戻って」きて豊岡（但馬）に棲みついたのは、一帯が先祖伝来の土地だったからにちがいない。

無視できない伝説が豊岡（出石《いずし》）に残されている。豊岡盆地はかつて泥海で、アメノヒボコが円山川の河口部の「瀬戸と津居山《ついやま》」の間の岩をくり抜き、水路を造って水を外に流し、豊岡を肥沃な土地に変えたというのだ。実際、瀬戸の切戸は、人工物としか思えない。

豊岡の郷土史家宮下豊は、アメノヒボコは農業発展以上に、港を整備するために干拓事業を推し進めたと指摘している（『但馬国から邪馬台国へ』新人物往来社）。説得力のある指摘だ。

ただし、豊岡は日本海を代表する「海の城」であった。穀倉地帯だから、というわけではない。海側から覗き込めば、恐ろしくてうかうかと円山川を遡上《そじょう》できない怖ろしさがある。実際に現地に立ってみれば、よく分かる。「地形から見る歴史」に興味のある方に、豊岡はお薦めの場所だ。冬場のカニもおいしいし。

なぜ播磨で紛争が起きたのか

豊岡に拠点を構えたアメノヒボコだが、『播磨国風土記《はりまのくにのふどき》』には、瀬戸内海側で、アメノヒボコが出雲神・アシハラシコオ（葦原志挙乎命）と戦ったという伝承が残されている。たとえば、揖保郡《いぼのこおり》の段に、粒丘《いいぼおか》の地名説話がある。

粒丘と名付けられた理由は、アメノヒボコとかかわりがある。アメノヒボコが「韓国《からくに》」から渡来し、宇頭の河口（揖保川）にやってきたとき、アシハラノシコオに、次のように懇願したという。

「あなたは国主（土地の主）なのだから、私に宿る場所を譲ってくれないだろうか」

これに対し、アシハラノシコオは海の中ならばよいと、意地悪をした。すると「客の神＝アメノヒボコ」は剣で海原をかき混ぜて波を起こし、その上に座った。「主の神（渡来系の客の神の反対で、こちらは土着の神であることを強調している）＝アシハラノシコオ」はアメノヒボコの武勇を恐れ、先に国を占拠してしまおうと、粒丘に登って食事をした。このとき口から飯粒（粒）が落ちたので、「粒丘」と名付けられたという。この丘の小石は、飯粒に似ているともいう。また、杖を刺したところ、ここから清水が湧き出て、南北に流れていった……。

同書宍粟郡《しさわ》の段にも、似たような短い話がある。

さらに、宍粟郡の高家《たかや》の里（兵庫県宍栗市山崎町）、同郡御方《みかた》の里（兵庫県宍栗市一宮町）の地名起源説話には、但馬がからんでくる。話はこうだ。

アシハラノシコオがアメノヒボコと黒土の志爾嵩《しにだけ》（兵庫県中央部、朝来市生野町の生野銀山）に至ったとき、おのおの黒葛《つづら》（蔓草《つるくさ》）三条《みかた》をもって足につけて投げた。その時、アシハラノシコオの黒葛の一条《ひとかた》は但馬の気多《けた》の郡（兵庫県豊岡市城崎町）に落ち、一条は夜夫《やぶ》の郡（兵庫県養父市）に落ち、一条はこの村に落ちた。そこで「三条（御方）」という地名になった。いっぽうアメノヒボコの黒葛は、全部但馬国に落ちた。そこで但馬の伊都志《いづし》（豊岡市出石町）の土地を占めるようになった……。

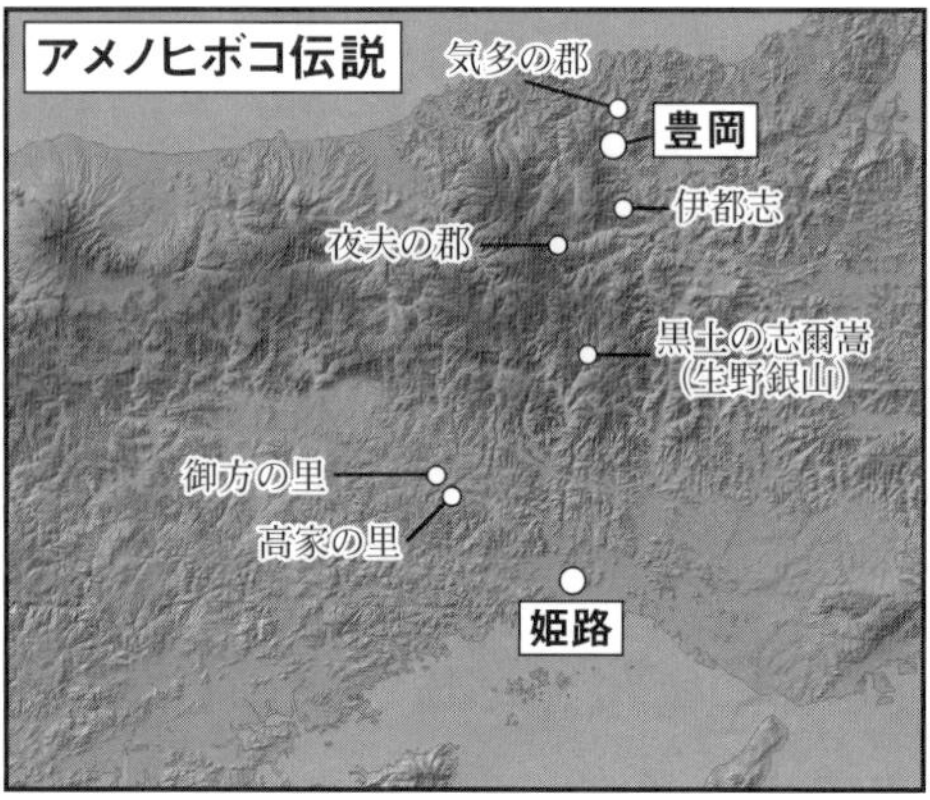

国土地理院・色別標高図を基に作成

まだいくつか、アメノヒボコと出雲神の争う伝説が『播磨国風土記』に残されているのだが、なぜ、但馬のアメノヒボコと出雲神が、瀬戸内海側で戦ったのだろう。もちろん、通説はほとんど興味を示さないが、これだけの伝説が残っているとなると、笑殺できないものがある。そして、「地形」という視点をこれに組みこめば、「アメノヒボコと出雲の戦いは必然だった」ことに気付かされるはずだ。

▲姫路城（兵庫県姫路市）

まず、瀬戸内海側の播磨の重要拠点と言えば「姫路」を思い浮かべる。徳川幕府もこの土地を重視し、姫路城が西からやってくる敵に睨みをきかせていた。

なぜ姫路が重要だったのだろう。ここでは、陸路が大きな意味を持っていた。出雲街道が北西に向かって伸び、逆の北東に向かうと、丹波市氷上《ひかみ》町に、日本でもっとも低い分水嶺が存在する。標高は約九五メートルで、日本海側に由良川が、瀬戸内海側には高谷川（加古川）が流れ下る。

弥生時代中期末から後期初頭にかけて、この道を利用して、瀬戸内海の土器が山陰と近畿北部、北陸に伝わっていたことが分かっている。

播磨の瀬戸内海沿岸部を起点に、北西と北東に進めば、日本海に出られる……。日本海の主導権争いを展開していた出雲と「タニハ」が、播磨で激突するのは、当然のことだったのだ。「タニハ」は陸路の要衝をおさえるとともに、背後から襲われることを防いだのだろう。『風土記』の神話、説話だからといって、無視することはできない。貴重な歴史解明のヒントを無駄にすることになる。

地形から見えてきたヤマト建国の歴史

『日本書紀』に、来日したアメノヒボコに対し、垂仁《すいにん》天皇は播磨国の宍粟邑（兵庫県宍粟市）と淡路島の出浅邑《いでさのむら》（兵庫県洲本市）を下賜《かし》したとある。しかし、アメノヒボコは「許されるなら、住む場所は自分で見つけたい」と言い、菟道《うじ》河（宇治川）をさかのぼり、近江国の吾名邑《あなのむら》（滋賀県米原市）にしばらく棲みついた。その後、近江から若狭国（福井県西部）をへて、西の但馬国にいたり、ここに居を構えたとある。

なぜアメノヒボコにここまで注目したのかというと、『日本書紀』に描かれた播磨→宇治川→近江→若狭→但馬をつなぐルートが、ヤマト建国に大いにかかわり深い土地だからである。アメノヒボコの辿った道は、大切なヒントを隠し持っていたのだ。

すでに話したように、弥生時代後期の日本海では、熾烈な主導権争いが勃発していた。北部九州とつながった出雲の勢いは増すばかりだったが、「タニハ」も、侮れない力を有していた。

弥生時代中期末には、丹後半島の日吉ケ丘遺跡（京都府与謝郡与謝野町《よさぐんよさのちょう》）に、大型墳丘墓（王の墓）が造営されていた。長方形で台形、墳丘の斜面に貼石をめぐらせた「方形貼石墓《ほうけいはりいしぼ》」だ。

被葬者の頭のまわりには、大量の管玉《くだたま》が埋納されていた。この時期タニハでは、玉造りが盛んで、鉄製工具もみつかっている。後期に鉄器の量が増えているのは、「玉」を交易品にしていた結果と考えられる。弥生時代後期には、大型墳丘墓が登場する。大風呂《おおふろ》南一号墳（与謝野町）のガラス製の釧《くしろ》（腕輪）は、海の外からもたらされた珍宝だ。また、朝鮮半島南東部と交流が盛んになっていった様子が、分かっている。

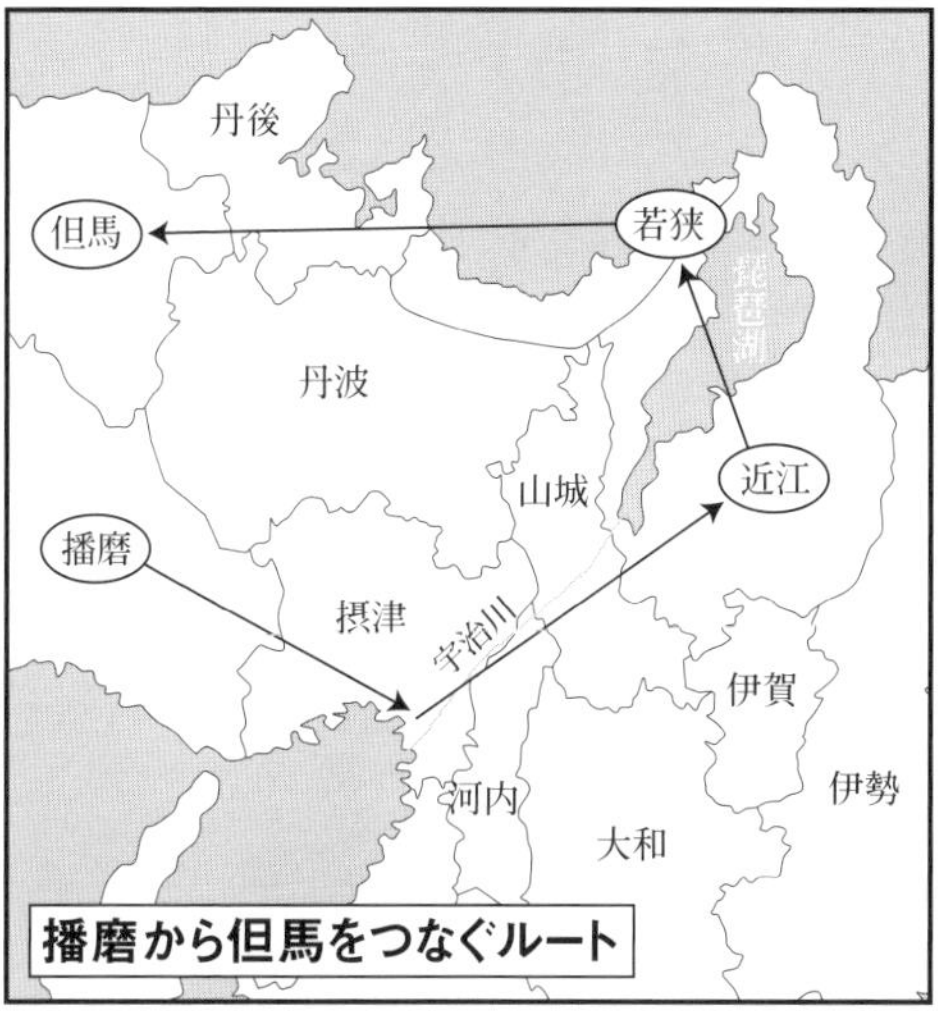

播磨から但馬をつなぐルート

問題は、弥生時代後期にタニハから近江や畿内に向かって、先進の文物が流れはじめたことなのだ。これは無視できない。おそらく、日本海と瀬戸内海で展開された出雲とタニハの主導権争いが、近江に幸運をもたらしたのだろう。内陸部に味方をつくりたかったタニハが、近江と畿内の諸勢力に接触したのだと思われる。そしてこれ以降、近江や近畿のみならず、東海（伊勢湾沿岸、尾張）まで、富を蓄えていくようになったのだ。

こうして話は、伊勢遺跡と前方後方墳の謎に戻ってきたのだ。

なぜヤマトの東側に、巨大勢力が現れたのかといえば、「タニハの思惑」が関わっていたからで、この事実が、ヤマト建国に大きく作用していったことは間違いない。

こういうことではなかったか。

ヤマトに鉄を渡すまいと出雲を抱き込んだ北部九州だったが、出雲とタニハの間に展開された日本海の主導権争いが、奇妙な結末を招き寄せた。ヒョウタンから駒の形で、畿内や近江、東海の発展を促したのだった。そして、出雲や北部九州に対抗し、牽制するための最良の策は、ヤマトの盆地をタニハと近江と東海が占領することだ。纒向に集まった外来系の土器のうち東海、近江の土器が過半数を占めていた意味が、これでよく分かる。ヤマトの発展を恐れた北部九州の野望は、これでくじける……。そして、タニハが主導した「ヤマト建国策」に慌てたのが、吉備だろう。距離的に近かっただけではなく、地政学的に見て、吉備がいくら発展しても、ヤマトを攻めることはできず、逆に、いずれヤマトに呑みこまれてしまう。ならば、タニハや近江、東海がヤマトにしっかりとした基盤を築く前に、ヤマトに乗り込み、ヤマト建国の主導権を握るべきだ……。だからこそ、ニギハヤヒは早々と北部九州＋出雲連合を見限り、ヤマトに馳せ参じた。そして、出雲は、北部九州とつながりつつも、ヤマトに馳せ参じた。ヤマト建国に参画したのだろう。そして、取り残されたのが、北部九州だった……。これが、地形から見えてきたヤマト建国の歴史である。

第三章

地形から邪馬台国を見つめ直す

迷走する邪馬台国論争

纒向《まきむく》に人々が集まりはじめたのは、三世紀初頭。初期型の前方後円墳も出現し、さらに三世紀後半から四世紀にかけて前方後円墳の様式が整い、この新たな埋葬文化を各地の首長が受け容れることで、ゆるやかな連合体が生まれた。これが、ヤマト建国だ。

第二章で述べたように、ヤマト建国を仕掛けたのは「タニハ」と近江と尾張（東海）だった。

ここまで分かったところで、邪馬台国の謎に迫ってみたい。地形から読み解く邪馬台国だ。

「魏志倭人伝」に、「倭人は帯方《たいほう》の東南大海の中にあり」とあり、帯方郡から邪馬台国までの行程を記す。

帯方郡から倭に向かうには、海岸を船で進み、漢の国々を、あるいは南に、あるいは東に進み、倭の北の対岸・狗邪韓国《くやかんこく》（帯方郡から七千里）に至る。海を渡り、千余里で対馬《つしま》国、また南に千余里瀚海《かんかい》（対馬海峡）を渡って一大国《いきこく》（壱岐《いき》）に至る。さらにまた海を渡って千余里、末盧国《まつらこく》（肥前松浦郡）にいたる。ここから東南に陸行五百里で伊都国《いとこく》（糸島郡深江付近）、東南百里で奴国《なこく》（これが現在の福岡市や春日市付近）、ここから東に百里で不弥国《ふみこく》に到着する。

ここまでが、北部九州の中心部に至る道のりだ。不弥国は正確な場所は判明していないが、博多付近であることは、間違いない。

そして、邪馬台国が迷走した原因は、この先の記事があったからだ。

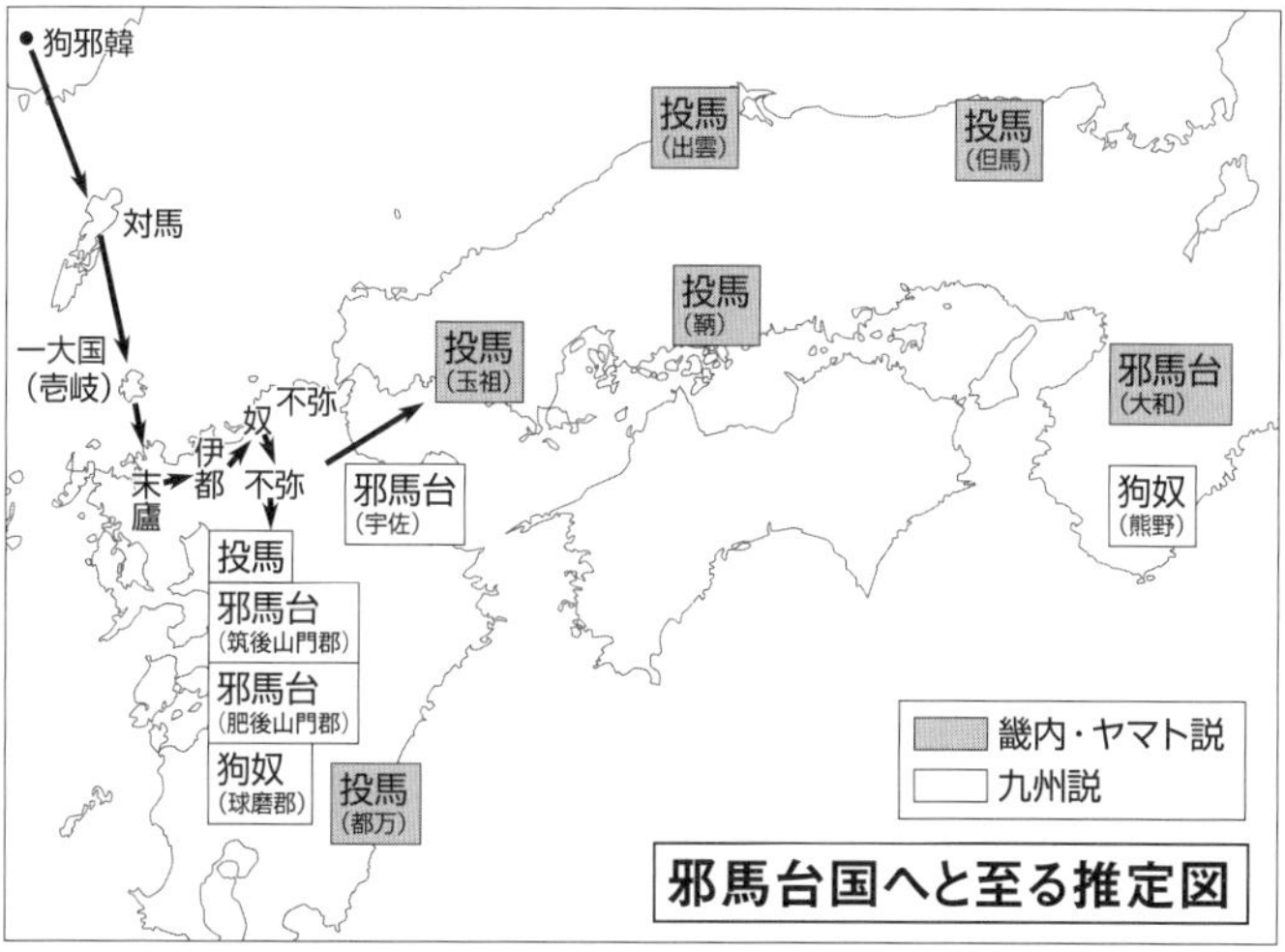

邪馬台国へと至る推定図

「南、投馬《つま》国に至る水行《すいこう》二十日(中略)南、邪馬壱《やまいち》(台)国に至る、女王の都するところ、水行十日陸行《りくこう》一月」

つまり、この博多付近の奴国やあるいは不弥国から邪馬台国に至るには、南に船で二十日行って投馬国にいたり、さらに水行十日歩いて一か月かかる、という。この記述通り素直に進めば、九州島を通り越し、太平洋に没してしまう。だから、いろいろな解釈が可能になったのだ。

『隋書』倭国伝は、「邪馬台国は、今の邪靡堆(ヤマト)」と考え、記録する。つまり、邪馬台国畿内説ということになる。

『日本書紀』は、邪馬台国がどこにあったか、記録していない。ただし、第十五代応神天皇の母・神功《じんぐう》皇后《こうごう》の時代に、「魏志倭人伝」の記事を引用している。これに従えば、「邪馬台国はヤマト」で、卑弥呼か宗女《そうじょ》の台与《とよ》(壱与)が、神功皇后だったことになる。

南北朝時代に、北畠親房《きたばたけちかふさ》は邪馬台国をヤマトと推理している。江戸時代になると、儒学者新井白石《あらいはくせき》や本居宣長《もとおりのりなが》らが、邪馬台国について発言している。邪馬台国は畿内のヤマトだったが、九州の女酋《じょしゅう》が、「われわれがヤマト（邪馬台国）だ」と、魏に嘘の報告をしたと指摘したのだ。これが、邪馬台国偽僭《ぎせん》説だ。

漢文読解の基礎を身に付けていた江戸時代の眼力は鋭い。じつは、この時点で、邪馬台国の真相は解けていたように思うのだが、明治時代に至り、論争は混乱してしまうのである。

迷宮入りした邪馬台国論争

明治四十三年（一九一〇）、東京帝国大学の白鳥庫吉《くらきち》と京都帝国大学の内藤湖南（虎次郎）が、九州説、大和《やまと》説をそれぞれ唱え、邪馬台国論争は本格的に始まった。白鳥が学会で発表し、内藤が反論するという形だった。

白鳥は、「魏志倭人伝」の記事を全面的に信用した。白鳥は末盧国から奴国、不弥国を北部九州に比定したうえで、「魏志倭人伝」の「里数」に注目した。帯方郡から不弥国までの総里数は一万七百余里で、帯方郡から邪馬台国までが一万二千余里とある。不弥国から邪馬台国までの距離は、引き算をして千三百余里となる。これを約二百キロと試算した。さらに、水行三十日、陸行一月の「一月」は「一日のまちがい」といい、邪馬台国は肥後国（熊本県）のどこかと推定したのだった。

内藤は、『隋書』倭国伝などに「邪馬台国はヤマト」とあることを重視した。七万余戸の人口を養えるのはヤマトがもっともふさわしいと指摘し、『日本書紀』に登場する倭姫命《やまとひめのみこと》を卑弥呼だとする。

倭姫命は第十一代垂仁《すいにん》天皇の皇女で、伊勢神宮の創祀《そうし》に深くかかわったと『日本書紀』はいう。ヤマトタケルが東征に際し伊勢の倭姫命を頼ったことで知られている。第十代崇神《すじん》天皇が実在の初代王と考えられているから、たしかに倭姫王は、ヤマト建国時の女人であろう。

ここから激しい論争が始まり、戦後になっても、東大と京大の学閥同士の戦いは続いたのだ。しかし、「魏志倭人伝」の記事から、邪馬台国の場所を導きだすことはできなかった。

そこで、卑弥呼がもらい受けた銅鏡百枚は、畿内を中心に出土する三角縁神獣鏡《さんかくぶちしんじゅうきょう》にちがいないとする説も現れた。しかし、この鏡が中国から一枚も出ていないことがネックになった(近年「発見された」と騒がれたが、これは怪しい。中国の学者が古物商から手に入れたという)。

また、炭素14年代法によって、纒向の箸墓《はしはか》(箸中山《はしなかやま》古墳)が三世紀半ばの造営だった可能性が出て来た。卑弥呼の死の時期とほぼ重なるため、箸墓は卑弥呼の墓と断定する考古学者も出現したが、すでに述べたように、炭素14年代法の年代幅、誤差を考えると、「絶対に三世紀半ばの造営」と断定するわけにはいかないし、百歩譲って三世紀半ばとしても、だからといって卑弥呼がヤマトで暮らしていたという証拠は、なにもない。

邪馬台国論争には、決定打が無いのだ。

それに、卑弥呼は二世紀後半に王に立てられたが、このころ纏向にはまだ都市は生まれていなかった。この時間差を、どう解釈すれば良いのだろう。

邪馬台国北部九州説が有力視されていた頃は、「邪馬台国が北部九州からヤマトに東遷した」と解釈することで、この時間の差は埋められていたが、纏向に北部九州の土器がほとんどやってきていないのだから、さらに謎が生まれたのである。

邪馬台国論争、なかなか終わりそうにない。ならばいっそのこと、「地理と地形」で、解いてしまおうか……。いや、その前に注目しておかなければならないことがある。それは、日本側の史料『日本書紀』だ。

『日本書紀』には歴史改竄の動機があった

邪馬台国論争が軽視してしまった『日本書紀』こそ、問題解決の大きなヒントを握っていたのだ。

『日本書紀』の継体《けいたい》天皇が登場するころからあとの記事は、まずまず信用できるが、それ以前の記事は、すべてそのまま鵜呑みにすることはできないと考えられてきた。

たとえば、初代神武天皇は今から二千数百年前の人物だと記録し、第十五代応神《おうじん》天皇が即位するまでの歴史も、ヤマトタケル説話などのように神話じみているし、じつにあてにならない。

継体天皇を越《こし》から連れてくるきっかけになった第二十五代武烈《ぶれつ》天皇の場合、酒池肉林をくり返し、破廉恥《はれんち》きわまりない行動を取ったと記録されている。これは、中国の古典から借用したようだが、継体天皇への政権交替（あるいは王朝交替）の正当性を主張するために、あることないこと書き並べたのだろう。

だから、八世紀初頭の歴史編纂者は、古い歴史に関して、ほとんど正確な情報をもっていなかったのではないかと史学者たちは推理した。

しかし筆者は、違う考えを持っている。『日本書紀』編者は歴史を熟知していたからこそ、真相を闇に葬るために、神話じみた説話をヤマト建国周辺に散りばめ、また、ひとつの時代の歴史を三つに分解して、事実を読み取ることができないようにしてしまったのではないかとみる。

八世紀の朝廷には、歴史改竄《かいざん》をする動機が備わっていた。権力を握った藤原氏は、並みいる旧豪族を、皆追い落とし、藤原氏だけが栄える世の構築を急いでいた。だから藤原氏は、権力を握るまでの悪事をすべて抹消する必要があったし、旧豪族のヤマト建国来の歴史を闇に葬り、藤原氏の正当性を高らかに掲げる必要があった。

また、『日本書紀』は天皇家の正統性を説くための歴史書だと信じられているが、それはまちがいだ。『日本書紀』は、藤原氏の正義を証明するための文書であった。もっとも分かりやすい図式は、第一章で述べたように藤原氏の滅ぼした蘇我氏が大悪人に仕立て上げられたことだ。

『古事記』は蘇我氏の遠祖に建内宿禰《たけのうちのすくね》(武内宿禰)の名を挙げるが、『日本書紀』は無視している。蘇我氏の出自は、『日本書紀』を読んでいるだけではさっぱり分からない。そのため、蘇我氏は渡来系ではないかと推理する学者も現れたが、蘇我氏が渡来系の成り上がり者なら、『日本書紀』は迷うことなく、その事実を明記しただろう。『日本書紀』が蘇我氏の祖について押し黙ったのは、蘇我氏が正統な一族だからである。

蘇我氏のカバネは「臣《おみ》」だったが、これは皇族出身者に与えられた。武内宿禰が天皇の末裔ということは、『日本書紀』も認めている。ただ、武内宿禰の末裔が蘇我氏だったかどうかについては、何も語らなかったのだ。蘇我氏は、ヤマトの王家の末裔であり、藤原氏にすれば、それを認めたくなかったのだ。藤原氏こそ、渡来系の成り上がりだったからである(拙著『聖徳太子は誰に殺された』ワニ文庫)。

理に叶った神功皇后の行動

武内宿禰は、多くの秘密を抱えていると思う。武内宿禰は神功皇后に仕え、神功皇后の子・応神天皇のそばから離れなかった。

その神功皇后を、『日本書紀』は「卑弥呼か台与のどちらか」といっているのだから、武内宿禰も神功皇后も、無視できない。邪馬台国論争を解く鍵を握っていたのは、『日本書紀』に登場する神功皇后であり、彼女の足跡を辿ると、「地理から邪馬台国が解ける」ことに気付かされる。だがら、神功皇后を追ってみよう。

『日本書紀』が神功皇后は邪馬台国の時代の人といっているのに、なぜ、邪馬台国論争で話題に上らないのだろう。

すでに明治時代、東洋史学の創始者・那珂通世《なかみちよ》は、神功皇后と卑弥呼を切り離してしまった。理由は『日本書紀』の記述だ。神功皇后の最大の功績は新羅征討で、玄界灘に船団を浮かべ、朝鮮半島に侵攻したと『日本書紀』はいう。ところが「魏志倭人伝」には、卑弥呼や台与がそのような行動を取ったとは書かれていない。

今日の史学者も、神功皇后摂政紀に邪馬台国記事が載っていることを無視する。卑弥呼が帯方郡に使者を送ったのは景初《けいしょ》三年（二三九）だが、神功皇后摂政紀五十五年条には、「百済の肖古王《しょうこおう》が亡くなった」という記事が載るからだ。これを西暦に直すと二五五年になる。ところが朝鮮半島側の『三国史記』には、同じ時代に肖古王は登場しない（二一四年に死去）。その代わり、よく似た近肖古王なら、西暦三七五年に亡くなったとある。これは『日本書紀』のいう肖古王の死からちょうど一二〇年後のことになる。史学者たちは、肖古王と近肖古王は同一人物で、『日本書紀』編者は、「魏志倭人伝」の卑弥呼の記事を、無理矢理神功皇后の時代に割りこませたが、実際には、干支二巡（六〇年×二）繰り上げてしまったと解釈したのだ。

しかし、『日本書紀』の描いた神功皇后の行動を順番に追っていくと、「ヤマト建国前後のヤマトと邪馬台国の死闘」の様子が、くっきりと浮かび上がってくる。神功皇后の行動は、理に叶ったものであり、地政学的にも、「まさにそこしかない」というポイントを押さえていたことに驚かされるのである。

アメノヒボコと神功皇后の本当の問題

神功皇后は開化天皇の曾孫《ひまご》・気長宿禰王《おきながすくねのみこ》の娘で、母は葛城高額媛《かずらきのたかぬかひめ》だ（『日本書紀』）。

神功皇后の名は気長足姫尊《おきながたらしのひめのみこと》（息長帯日売命）だ。「オキナガ」は地名（近江国坂田郡）で、近江の豪族「息長《おきなが》氏」とのつながりが連想される。息長氏は六世紀に勃興する氏族だが、おそらく「神功皇后のモデルとなった女傑が近江に深く関わっていた」ことから、オキナガタラシヒメの名が伝説となって語られていたのだろう。

『古事記』は、アメノヒボコの五代の孫が葛城之高額比売命《かずらきのたかぬかひめのみこと》といっている。これは、『日本書紀』にいう神功皇后の母・葛城高額媛のことだ。つまり、『古事記』に従えば、神功皇后はアメノヒボコの末裔ということになる。『日本書紀』が無視し、『古事記』が伝えたこの系譜、妙にひっかかる。

　歴史学者の三品彰英《みしなしょうえい》はアメノヒボコと神功皇后の関係に関して、『記《き》・紀《き》』の記事や伝承を重ね合わせると、ふたりの足跡、伝説地が、「驚くべきほど一致している」と指摘している（『日

鮮神話伝説の研究　三品彰英論文集　第四巻』平凡社)。それはなぜかと言えば、「大陸系文化の伝播ないしはそれを荷担した人たちの移動と解することもできよう」といい、さらに、オキナガタラシヒメは、アメノヒボコ伝説に登場するアカルヒメらに等置できるといっている。

しかし、アメノヒボコとオキナガタラシヒメの足跡が重なることに、もっと重大な意味が隠されていると思う。『日本書紀』の記事を信じれば、アメノヒボコとオキナガタラシヒメは隔絶した時代の人物ということになる。だが、その一方で、『日本書紀』の時代設定は、あてにならない。すでに述べたように、『日本書紀』はひとつの歴史を三つに分解してしまったと筆者は考える。

アメノヒボコが来日したのは、垂仁天皇の時代だったが、『古事記』には、垂仁天皇の段で、アメノヒボコの五世の孫・タジマモリの常世国《とこよのくに》行きの説話が載っている。系譜が錯綜しているのだ。

筆者は、アメノヒボコも神功皇后も、ヤマト建国の同時代人だと考える。アメノヒボコが『播磨国風土記』の中で出雲神と戦っている。

神話と歴史時代までごちゃ混ぜになっているのは、ヤマト建国存後の言い伝えが神話になっていたからだろう。アメノヒボコの本拠地は但馬《たじま》(タニハ)で、現実の出雲とタニハも、日本海の主導権争いを展開していた。神功皇后が「オキナガ」の名を負い、角鹿《つぬが》(福井県敦賀《つるが》市)から九州に向かったと『日本書紀』がいっているのは、神功皇后が「タニハ連合の一員として、アメノヒボコとともにヤマト建国時に活躍したから」だろう。

無視される神功皇后伝説

そこでいよいよ、神功皇后の活躍に注目してみよう。

『日本書紀』仲哀《ちゅうあい》二年条から、神功皇后の活躍が始まる。神功皇后が角鹿の笥飯宮《けひのみや》に滞在していたとき、熊襲《くまそ》が背いた。そこで熊襲討伐のため夫仲哀天皇は紀伊国から穴門《あなと》（山口県西部）に向かった。神功皇后は角鹿から日本海づたいに西に向かい、豊浦津《とゆらのつ》（下関市）に至り、ここに宮を建てた（穴戸豊浦宮《とゆらのみや》）。

豊浦宮滞在は長引き、仲哀八年正月に、ようやく筑紫《つくし》に向かったのだった。

さて、ここから、神功皇后と地理の話が割りこんでくる。まず、仲哀天皇と神功皇后は、穴門豊浦宮に六年間滞在した。ここで、何をぐずぐずしていたのだろう。

ひとつの仮説を用意しよう。

筆者は、神功皇后はヤマト建国時の女傑で、ヤマト建国に参加しなかった北部九州に対し、武力と呪術を用いて、屈服させるために、ヤマトから派遣されたのではないかと推理している。名が「オキナガ」なのは、この女人が近江と関わりが深く、また「但馬（タニハ）のアメノヒボコ」と強く結ばれているのは、「タニハ連合の一員」であったことを、暗示している。

▲豊浦宮・忌宮神社（山口県下関市）

そして、日本海側から西に向かったという説話の設定にも、重要な意味が隠されていたと思う。つまり、タニハ連合を代表する者として、日本海の総力を結集して、豊浦宮に集結したということだろう。そう考えると、神功皇后の足跡のことごとくが、「北部九州を屈服させるための、理に叶った行動だった」ことに気付かされるのだ。

そこで、ひとつずつ、説話の意味を解き明かしていこう。

穴門豊浦宮のあった場所に、現在忌宮《いみのみや》神社が鎮座している。海岸線から少し入ったところにあるが、古くはすぐ脇まで海が迫っていたという。

忌宮神社の沖合には満珠《まんじゅ》島、干珠《かんじゅ》島があって、源義経の船団がここから関門海峡に向かって進軍した話は、すでにしてある。つまり、神功皇后らは、関門海峡を叩くための戦略上の要衝に、留まっていたことになる。これは、ただの作り話ではあるまい。

六年間という長期滞在のひとつの理由は、関門海峡をめぐる争奪戦が展開されていたからではあるまいか。

神功皇后をめぐる説話は、これまで「おとぎ話」「創作」と考えられ、無視されてきた。たとえば、このあと橿日宮《かしひのみや》（香椎宮、福岡県福岡市）で神功皇后は神託を受けるが、これも史実とは考えられない。このとき、仲哀天皇が神のいいつけを守らなかったために急死する。その後、神功皇后は新羅征討を企て、臨月にあたっていたため、腰に石を挟み、子（のちの応神天皇）が生まれないようにしたと『日本書紀』はいう。

一連の話は神がかっていて、しかも、応神は母親のお腹に守られて日本に凱旋《がいせん》し、九州で生を享けるが、これは天孫降臨で包衣に包まれて地上界に舞い下りた天津彦彦火瓊瓊杵尊《あまつひこひこほのににぎのみこと》とそっくりという指摘がある。その上、神功皇后が四世紀後半の人物なのだから、新羅征討をしたという話は、歴史と噛み合わないというのだ。

すなわち、神功皇后をめぐる説話の多くは歴史とみなすわけにはいかないというのだ。

しかし、神功皇后を三世紀の人物と解釈すれば、ヤマト建国直後のヤマトと北部九州の主導権争いが、正確に、詳細に再現できるのである。

トヨとつながる神功皇后

神功皇后は多くの伝説の中で、「トヨ（豊）の女神」と接点を持っている。

まず、北部九州攻略のための最初の拠点が、「豊浦宮」で、ここは「トヨの港の宮」をさしている。「トヨ」は豊玉姫《とよたまひめ》のように、「海の女神」なのだ。豊浦津に到着したとき、神功皇后は潮満瓊《しおみつたま》と潮涸瓊《しおふるたま》を得ていたが、潮満瓊と潮涸瓊は、各地の神功皇后伝承でも登場し、海神《わたつみ》からもらい受けた潮の満ち引きを自在に操る神宝である。

神話の中で、山幸彦《やまさちひこ》（彦火火出見尊《ひこほほでみのみこと》）も海神の娘・豊玉姫から潮満瓊と潮涸瓊をもらっている。山幸彦をいじめた兄・海幸彦《うみさちひこ》（火闌降命《ほすそりのみこと》）を懲らしめるためにという。潮満瓊の力で、潮は満ち、海幸彦は溺れ、潮涸瓊を使って潮を引かせて、海幸彦は許された。神功皇后も新羅征討で潮満瓊と潮涸瓊を大いに活用した。船団は一気に沿岸部に押し寄せ、新羅を水浸しにしている。神功皇后は、海神の加勢を受けて、遠征を成功させたのだ。

『宗像大菩薩御縁起《むなかただいぼさつごえんぎ》』には、神功皇后の三韓征伐に際し、船上で天神地祇《てんじんちぎ》、海神、水神《すいじん》を祀っていると、竜宮城から妹の豊姫（河上《かわかみ》大明神）が現れたので、神功皇后は豊姫を竜宮城の海神のもとに遣わし、次のように述べさせた。

「昔、竜宮城の竜神と私は、親子の契りで結ばれておりました。そのよしみで、どうか乾珠《しおひのたま》・満珠《しおみちのたま》（潮涸瓊・潮満瓊）をお貸しいただき、力を合わせたく思います」

こうして神功皇后は、海神の加勢を得たのだった。

「トヨ」といえば、邪馬台国の卑弥呼の宗女「トヨ（台与）」を思い浮かべる。これは後々重大な意味を持ってくる。

そしてここで順番として、まず注目しておきたいのは、豊浦宮に長期滞在していた目的である。

無視できないのは、福岡県東南部と大分県が、「トヨの国（豊国。のちの豊前国、豊後国）」だったことだ。関門海峡も、豊国の西のはずれなのだ。

豊浦宮に陣取った神功皇后たちは、関門海峡をこじ開けるために、「まず対岸に拠点を造ろう」と、策を練ったのではあるまいか。そして、豊浦宮の反対側の九州島に、トヨ（神功皇后）は渡り、だからこそ「トヨの国」と呼ばれるようになったのではなかったか。

『豊前国《ぶぜんのくに》風土記《ふどき》』逸文《いつぶん》に、宮処《みやこ》の郡《こおり》の話が載る。天津彦彦火瓊瓊杵尊がここから日向《ひむか》（九州南部）の旧都に天降った。「蓋《けだ》し、天照大神《あまてらすおほみかみ》の神京《みやこ》なり。云々《うんぬん》」とある。トヨの国の中に天照大神の「ミヤコ」があったという話、聞き捨てならない。これは、福岡県行橋《ゆくはし》市と京都《みやこ》郡のことを指している。

行橋市には豊日別宮《とよひわけぐう》が鎮座し、豊国の国魂《くにたま》・豊日別命《とよひわけのみこと》を祀っているが、ここでは伊勢の天照大神の分身がサルタヒコで、また豊日別命と同一とみなされ、別宮で祀られている。天津彦彦火瓊瓊杵尊の天孫降臨の際、サルタヒコは天八達之衢《あまのやちまた》で皇孫を待ち受け、嚮導《きょうどう》したというが、ここから日向（南部九州）に導いたということだろうか。サルタヒコこそ、古代史の謎を解く鍵を握った最重要人物と筆者は睨《にら》んでいる。他の拙著の中で詳述しているので、ここでは深入りしないが、トヨの国にサルタヒコ伝承が残っていることは、無視できないのだ。

それはともかく、『豊後国風土記』大分郡の段に、「昔、景行天皇が豊前国の京都の行宮からこの郡に行幸された」という話が載る。トヨの国の「ミヤコ」が、ヤマト側の行動の起点になっていたことが分かる。

ここで思い出されるのが、纒向の出現とほぼ同時に、大分県の日田市に、ヤマトと山陰の勢力が陣取っていたことだ。小迫辻原遺跡は、纒向遺跡が発展したとき、やはり規模を拡大していて、纒向（ヤマト政権）のミニチュア版だったことが分かる。ここにヤマトの出先機関が登場していたということは、中継基地が必要で、その点、豊浦宮、「ミヤコ」は、欠かせない拠点だったろう。そして、どちらも「トヨ」が関わってくるところに、深い意味が隠されていたはずなのだ。

豊国で朝鮮半島とつながる神功皇后

豊国を代表する神社は、宇佐《うさ》神宮（大分県宇佐市。八幡宮。宇佐八幡宮。豊前国一宮《いちのみや》）だ。祭神は誉田別尊《ほんだわけのみこと》、比売大神《ひめおおみかみ》、大帯姫《おおたらしのひめ》で、誉田別尊は応神天皇、大帯姫は神功皇后を指している。

もともとの八幡信仰に、応神天皇と神功皇后が習合していったのだろうと考えられているが、それは、応神と神功皇后の『日本書紀』の説話を史実ではないと決めてかかるからだ。トヨの国を代表する宇佐神宮に、神功皇后（トヨ）に対する信仰が残っていることは、ごく自然なことだ。

第一、比売大神や大帯姫は、「名無しの権兵衛」で、それは「祭神の正体を見失ったから」ではなく、名前を呼ぶのもはばかれるほど高貴な方であり、また「あの方」「あの女神」といえば、誰もがすぐに思い浮かべるほど、知れ渡った神だったことを意味している。

宇佐神宮は海に近い場所に鎮座するが、奥まった福岡県田川郡香春《かわら》町には、香春神社が祀られる。祭神は辛国息長大姫大目命《からくにおきながおおひめおおめのみこと》、忍骨命《あめのおしほねのみこと》、豊比咩命《とよひめのみこと》で、その昔、新羅から渡ってきた神が河原に住み着いたという。どうも、それが辛国息長大姫大目命を指しているようだ。辛国は「韓国」であろう。「オキナガ」は、神功皇后に通じる。

すでに述べたように、「タニハ」は朝鮮半島東南部と交流を持っていたが、「玉造り」によって、鉄器などの文物を手に入れていたようだ。その過程で、直接朝鮮半島に渡り、鉄を求めたのが多婆那国《たばなこく》（丹波国？　但馬国？）の脱解王であり、末裔がアメノヒボコではないかと指摘しておいた。「タニハ」は朝鮮半島東南部と強く結ばれ、その地域がのちに「伽耶《かや》」となり、「新羅」となっていく。とすれば、「タニハ」からやってきた神功皇后が、豊国で新羅や辛国とつながってくるのは、むしろ当然のことである。

香春神社の宮司を務めていたのは赤染《あかぞめ》氏と鶴賀《つるが》氏で、赤染氏は朝鮮半島の公孫《こうそん》氏の末

▲宇佐神宮

裔と伝わり、さらに鶴賀氏はツヌガアラシト（都怒我阿羅斯等《つぬがあらしと》）の末裔だという。このツヌガアラシトは、アメノヒボコと同一人物であり、ここでもトヨと神功皇后のつながりを感じてしまう。

豊国は秦《はた》氏を中心とする新羅系渡来人の密集地帯で、「秦王国」と呼ばれている時代もあった。

豊浦宮に神功皇后が六年滞在したという話、ヤマト政権発足後の「北部九州との戦い」を正確に語っているのではなかろうか。すべてを神功皇后が成し遂げたわけではないかもしれないが、九州征討の象徴として、多くの史実をこの女傑の活躍に仮託されたのではなかろうか。

突然寝返ってきた北部九州沿岸地帯の首長たち

次に注目したいのが、豊浦宮を離れて西に向かった神功皇后たちのもとに、北部九州沿岸部の首長が、一斉に寝返ってきたという事実だ。『日本書紀』の記事を追ってみよう。

仲哀天皇八年春正月、仲哀天皇と神功皇后の一行は、筑紫に渡った。時に、岡県主《おかのあがたぬし》（岡は福岡県遠賀郡芦屋町）の祖・能鰐《わに》は、仲哀天皇の噂を聞きつけ、船に五百枝《いおえ》の賢木《さかき》を立て、白銅《ますみの》鏡《かがみ》・十握剣《とつかのつるぎ》・八坂瓊《やさかに》といった神宝をかけて、周芳《すおう》（周防《すおう》・山口県防府市）に出迎えた。神宝を捧げ、服従の印とした。また、天皇の御饌《みけ》になる「魚塩《なしお》の地（魚や塩がとれる土地）」を献上し、奏上した。

「穴門から向津野大済《むかつののおおわたり》（豊前国宇佐郡小向野《こむかの》。現在の大分県速見《はやみ》郡山香《やまが》町の港）までを東門とし、名籠屋大済《なごやおおわたり》（名籠屋崎。福岡県北九州市戸畑《とばた》区）を西門とし、没利島《もとりしま》（山口県下関市の六《む》連島《つれじま》）と阿閉島《あへしま》（六連島北西の藍島《あいのしま》）を穀物を提供する土地にし、柴島《しばしま》（洞海湾《どうかいわん》内）を割いて魚を提供する土地にし、逆見海《さかみのうみ》（北九州市若松区）を塩を提供する土地にしましょう」

こうして能鰐は仲哀天皇の一行を水先案内し、岡水門《おかのみなと》（福岡県遠賀郡芦屋町の遠賀川河口）に導いた。このとき神功皇后は別の船で遠賀川の東側、洞海《くまのうみ》（北九州市の洞海湾）に入った。すると潮が引いてしまって身動きがとれなくなってしまったため、能鰐が迎えに行き、岡津《おかのつ》

（岡水門《おかのみなと》）に案内した。

次に、筑紫の伊都県主《いとのあがたぬし》（伊都は福岡県糸島郡で、『魏志』倭人伝にいうところの伊都国）の祖・五十迹手《いとて》がやはり神宝を船にくくりつけ、穴門の引嶋（山口県下関市彦島）に出迎えたため、天皇は五十迹手を褒め称えた。

玄界灘に面した首長層たちは仲哀天皇に恭順し、儺県《なのあがた》（福岡県博多、『魏志』倭人伝にいうところの奴国）の橿日宮（香椎宮）に入った……。

無視できないのは、玄界灘に面する北部九州沿岸部を代表する地域の首長が、突然頭を垂れ、仲哀天皇と神功皇后に恭順してきたことだ。しかも、関門海峡付近まで出向いて一帯の土地を献上し、迎えいれている。これはいったい、何を意味しているのだろう。

豊浦宮の六年間の長期滞在と、突然の北部九州の恭順。なぜ突然、北部九州沿岸部の首長たちが無抵抗に仲哀天皇一行を受け入れたのだろう。

ただし、ここまでのいきさつから、謎はすぐに霧散する。

仲哀天皇と神功皇后は、穴門豊浦宮に六年間滞在したと『日本書紀』はいう。この空白の時間、ヤマト側は無駄な時間を過ごしていたのではなく、「まわりから締め上げる」策を実践していたのだろう。すなわち、関門海峡の背後の土地を浸蝕し、圧力をかけ、さらに、豊国の西のはずれ、日田の盆地をおさえた。関門海峡と日田盆地を失えば、北部九州沿岸地帯は、抵抗する術を失う。そこで沿岸部の首長たちは、観念し、仲哀天皇と神功皇后の軍門に下ったに違いない。

阿曇氏と磯良丸登場

　橿日宮に入った仲哀天皇と神功皇后だが、北部九州沿岸地域の首長たちを、全面的に信頼しているわけではなかっただろう。敵のまっただ中に宮を建てたのだから、これは当然のことだ。

　橿日宮周辺（福岡県東区香椎）を航空写真で俯瞰すれば、仲哀天皇らの目的は、明らかだ。

　橿日宮は福岡平野の東のへりの丘陵地帯で、海が目の前に迫っている。福岡平野の首長層が反乱を起こしても、ここなら一定の時間は持ちこたえることができるだろうし、東に向かって救援を求めることも可能だった。また、いざとなれば、船で脱出できたし、海から攻められれば、背後の深い森の中（立花山《たちばなやま》）に紛れるという手も残されていた。いずれにせよ、「橿日宮の場所を選んだ」という話、じつにリアリティがある。福岡平野を東の勢力が監視するには、ここしかない、という絶好の場所だ。

　橿日宮は博多湾を睨むような場所に位置するが、湾の北側には、東から西に向かって、一二キロメートルに渡る砂州《さす》、天然の堤防「海の中道」が続き、その先端に志賀島《しかのしま》が浮かぶ。昔は潮がひけばつながっていたため、「道切れ」と呼ばれていた。橋脚を造ったために、砂が堆積し、

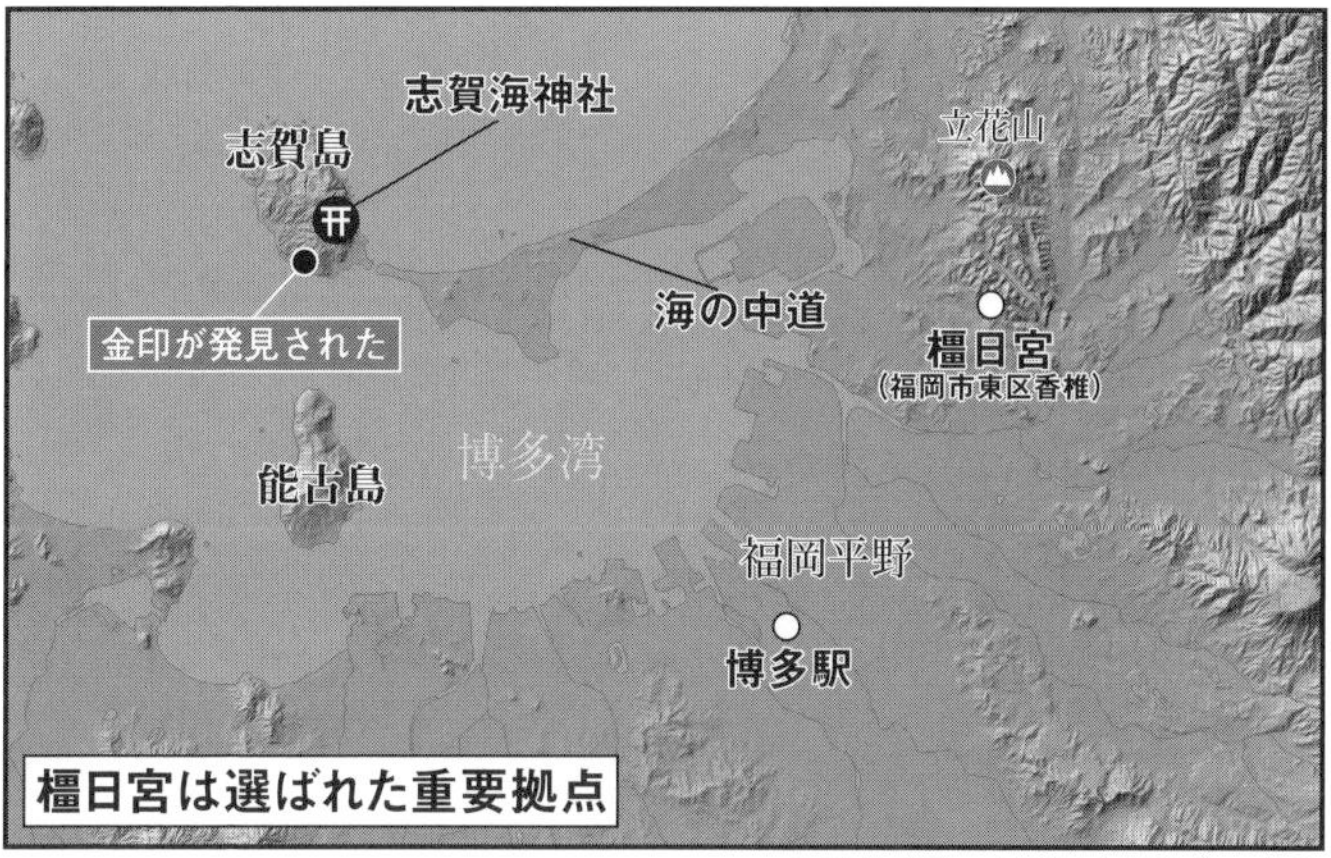

国土地理院・色別標高図を基に作成

▲香椎宮（福岡県福岡市）

今では陸続きになっている。金印が発見されたことで有名だ。

『後漢書』東夷伝には、建武中元二年（五七）、倭の奴国の使者（大夫《たいふ》）が首都洛陽《らくよう》にやってきて貢物をささげて朝賀したとある。光武帝《こうぶてい》は印綬《いんじゅ》を賜ったといい、それが志賀島で江戸時代にみつかった金印で「漢委奴国王」が刻まれていた。

奴国（福岡市）は伊都国（福岡県糸島市、福岡市西区）と並んで、弥生時代の北部九州の中心勢力だ。博多湾を支配し、玄界灘を往き来する船を、差配していたのだろう。

志賀島には志賀海《しがうみ》神社が鎮座する。祭神は綿津見三神《わたつみのさんしん》（底津綿津見神《そこつわたつみのかみ》、仲津綿津見神《なかつわたつみのかみ》、表津《うはつ》綿津見神《わたつみのかみ》）だ。『古事記』は、「綿津見神は阿曇連《あづみのむらじ》らの祖神」といい、『先代旧事本紀』には、「少童三神《わたつみさんしん》は阿曇連等斎祀、筑紫斯香神《つくしのしかのかみ》」とある。阿曇氏は、日本を代表する海人だ。博多湾を監視し、航行する船の安全を護るために、志賀海神社は奴国の中心から離れた、博多湾の一番目立つ場所に、祀られたのだろう。

志賀海神社本殿の左側の今宮神社に阿曇連の祖・穂高見神《ほたかみのかみ》（穂高見命《ほたかみのみこと》）と安曇磯良《あずみいそら》神（磯良丸）が祀られる。『八幡大菩薩愚童訓』に、安曇磯良は神功皇后の楫取を務めた人とあり、筑前国では志賀大明神、常陸国では鹿島大明神、大和国では春日大明神として祀られているという。また、海中に長く暮らしているため、顔面にカキなどがこびりつき、醜悪な姿だったとある。

安曇磯良丸、古代史の謎解きの大きな鍵を握っている。

鎌倉時代末期に編まれた『宗像大菩薩御縁起』に、磯良丸が登場する。

神功皇后と武内宿禰が新羅征討に向かうときの話だ。新羅攻めの策をあれこれ考えていると き、志賀嶋明神の影向《ようごう》した磯良丸、姓は安曇という者が時々陸地にやってきていた。武内宿禰が、「磯良丸は水陸自在の賢人だからこれを迎え入れよう」と進言し、勅命が下ったが、磯良丸は姿を隠し、なかなか姿を現さなかった。そこで武内宿禰は一計を案じ、神代の昔に天岩戸《あまのいわと》で行った神楽《かぐら》をやってみてはどうかと提案した。さっそく志賀嶋の浜で宴が開かれ、八人の乙女が袖を翻して舞った。すると磯良丸が童形《どうぎょう》で亀に乗って現れた。貝や虫がこびりつき、顔は醜く、その姿ゆえに、表に出たくなかったという。この後磯良丸は知恵をめぐらせ熊襲退治を行い、さらに四十八隻の船を与えられ、水軍の揖取を命じられたのである。

神話に登場する海神の宮は対馬?

正史には、磯良丸は登場しない。その代わり、『日本書紀』応神三年十一月に、次の記事がある。神功皇后の子の第十五代応神天皇の時代の話だ。

方々の海人が騒ぎ立て、命令に従わなかった。そこで、阿曇連の祖・大浜宿禰《おおはまのすくね》を遣わし、鎮圧させた。そこで、海人の「宰《みこともち》（統率者）」にした。やはり、阿曇氏と神功皇后の人脈には、強いつながりがあったのだろう。

対馬には和多都美《わたつみ》神社（長崎県対馬市豊玉町）と海神《わたつみ》神社（対馬市峰町）が鎮座する。

ここは海神・豊玉彦命の宮で、伝説によれば、三人の子がいたという。男子は穂高見命で、娘は豊玉姫命と玉依姫命《たまよりひめのみこと》だ。豊玉姫は海幸山幸神話の山幸彦（彦火火出見尊）と結ばれて子を生む。これが彦波瀲武鸕鷀草葺不合尊《ひこなぎさたけうがやふきあえずのみこと》で、彦波瀲武鸕鷀草葺不合尊と叔母である玉依姫が結婚し子を産む。その子が、神日本磐余彦尊《かむやまといわれひこのみこと》（神武天皇）だ。そして、神話に登場する海神の宮は、対馬ということになり、穂高見命の末裔が阿曇氏なのだから、この話、無視できない。阿曇氏と天皇家の古い関係が想定可能となる。

もう少し和多都美神社の話をしておく。

和多都美神社の社前の遠浅の渚に、三柱鳥居に守られるように、霊石が祀られる。それが「磯良エビス」で、亀の甲羅のような、ウロコのような亀裂が入った奇妙な石だ。安曇磯良丸の墓とする伝承があるが、定かなところは分からない。ただ、はっきり分かることは、阿曇氏は志賀嶋を拠点にして、壱岐、対馬をへて朝鮮半島につながる流通路を支配していたということだ。そして、神話の世界で、阿曇氏の祖は天皇家とつながっていたのである。

古代の奴国と対馬の強いつながりは、物証からも割り出せる。対馬から出土する銅矛は、奴国でつくられたことが分かっている。対馬が朝鮮半島との境界に位置することが、強く意識され、祭器が奴国から持ち込まれたと考えられる。

すでに述べたように、阿曇氏は長野県の山岳地帯に進出している。安曇野市の穂高《ほたか》神社（奥宮は松本市の上高地《かみこうち》に鎮座する）の祭神は穂高見命、綿津見命、瓊瓊杵命《ににぎのみこと》だ。

北部九州の海人たちは縄文時代から続く専門職で、だからこそ、内陸部にもネットワークを作っていたのだ。神功皇后は阿曇氏の戦略上のポイントだった志賀島の根っこに居座ることで、阿曇氏をねじ伏せたのだろう。安曇磯良丸が「醜い顔だから」と、なかなか姿を見せなかったのは、それだけ抵抗が激しかったからだろう。阿曇氏を屈服させることで、ようやく神功皇后は、北部九州制圧の準備を整えたのだろう。

ところで、これは余談だが、なぜ後漢からもらい受けた金印が、奴国の中心からはずれた志賀島でみつかったのだろう。もともと金印は「お飾り」ではなく、中国では文書に封をするために使われた。そこで、当時の志賀島には、貿易や外交を管理する役所が置かれていたのではないかと疑われている。

◆高良山は九州の中心？

その後の神功皇后を追ってみよう。

仲哀八年秋九月、橿日宮ではトラブルが勃発していた。神功皇后に神託が下って「熊襲にかまっていないで、海の向こうの新羅を討て」、ということだった。しかし仲哀天皇は神の言葉を疑い、熊襲征討に向かい、敗れる。そして、仲哀九年春二月、仲哀天皇は急死してしまったのだ。神の言葉を無視したからだと『日本書紀』は言う。三月、神功皇后は祟る神を祀り、熊襲を討たせると、投降してきた。神功皇后は、こうして橿日宮を離れ、南に向かう。荷持田村《のとりだ》（福岡県朝倉市）の賊を討ち、さらに山門県《やまとのあがた》（福岡県みやま市）の土蜘蛛《つちぐも》・田油津媛《たぶらつひめ》を打ち滅ぼした。こうして神功皇后は反転し、新羅征討に向かったのだ……。

　この一連の説話の中に、邪馬台国の謎を解き明かす重大なヒントが隠されていると思う。

　これまで述べてきたように、北部九州沿岸地帯は、弥生時代の日本をリードしてきたが、東側に巨大勢力が出現し、しかも日田盆地をおさえられたら、挟み撃ちの恐怖をあじわうことになる。そして事実、纒向遺跡の出現でヤマトに多くの地域が集まり、北部九州は出遅れた。そして、ほぼ同時に、日田の盆地に小迫辻原遺跡が出現し、山陰系と畿内の土器が集まっていたのだ。北部九州沿岸部は、ここにピンチに立たされた。神功皇后の説話からも、この間のヤマトと北部九州の動きは、鮮明に再現することができたのだ。

　ただ、日田を取られても、北部九州すべての地域が、東の勢力に太刀打ちできなかったわけではない。一か所だけ、戦略的に優位に立てる場所があったのだ。それが、福岡県久留米市御井の標高三一二メートルの高良山《こうらさん》である。

　高良山に登ってみれば、一瞬で分かるはずだ。筑紫平野が一望のもとに見渡せる。天下を取ったような気分になれる。眼下を、筑後川が蕩々《とうとう》と流れている様子が分かる。耳納山地《みのうさんち》が横に長いから、大群に囲まれても、兵站《へいたん》の確保が容易で、飢えることもない。高良山は、鉄壁なのだ。楠《くすの》木《き》正成《まさしげ》がこもった葛城《かつらぎ》山系と、よく似ている。

高良山には、謎の神籠石《こうごいし》が残っている。おおよそ七〇×八〇センチほどの岩が、一列に並ぶ。土塁のための土台で、山を一周していたのだ。現存するのはその内の一五〇〇メートルで、もし全部残っていれば、二五〇〇メートルもの「長城」になっていた。一説に、白村江《はくすきのえ》の戦い(六六三)に敗れた中大兄皇子が、唐と新羅の連合軍の来襲に備えて造らせたという。

歴史学者の太田亮は『高良山史』(石橋財団　非売品)の中で、高良山の重要性を、いくつか掲げている。渺茫《びょうぼう》たる筑紫平野、筑後川両岸の沃野、博多に近いこと、筑後川を遡り、大分平野に出られること、佐賀方面に至る展望、有明海と肥後に通じていること……。そして、博多や太宰府が、古来九州の中心だったが、それは朝鮮半島との関係でそうなったのであって、九州島そのものから見れば、中心は高良山だ、というのである。

高良山は古い時代から、要衝として認識されていたようだ。『肥前国風土記《ひぜんのくにふどき》』基肄郡《きのこおり》の段には、景行《けいこう》天皇の九州親政に際し、高良に行宮《あんぐう》を建て、ここで国見《くにみ》をしたとある。国見は、高台や山に登ってあたりを見渡し、豊穣《ほうじょう》を願う予祝《よしゅく》行事で、天皇の場合、「見る」という霊的な所作によって、一帯の支配権を確立する目的があった。

神功皇后も、高良山の麓の旗崎《はたざき》に滞在したと伝わる。六世紀の磐井《いわい》の乱(五二七)の最終決戦も、高良山の麓だった。筑後国府もここに造られ、文永・弘安の蒙古《もうこ》来襲の時は、高良山で夷狄調伏《いてきちょうぶく》の祈禱《きとう》が行なわれ、功があった。そのため、勅使が参向し、「天下の天下たるは、高良の高良たる故なり」と、綸旨《りんじ》を賜っている。南北朝時代に征西《せいせい》将軍・懐良《かねなが》親王は、高良山を

▲高良山神籠石（福岡県久留米市）

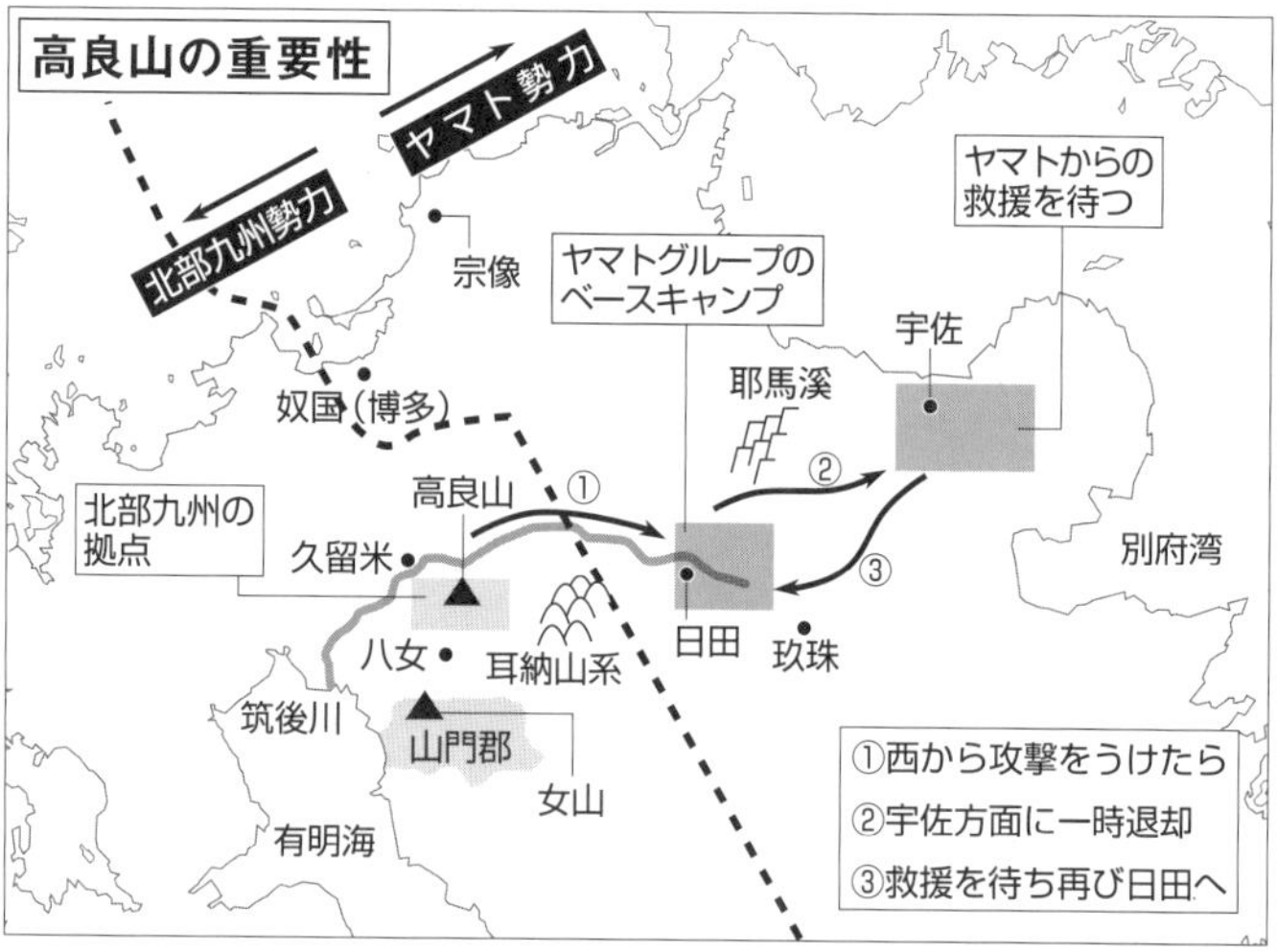

拠点にして活躍し、戦国時代には、大友氏と豊臣秀吉が、高良山に陣を張った。北部九州の軍事、流通の要衝は、高良山だということを、武将たちは良く知っていたのだ。

筑後川の南側に陣取る耳納山地の西のはずれに、高良山は位置する。この山をおさえ、有明海の制海権を確保すれば、強い防御力を発揮できる。日田から攻められても、高良山に立てこもれば良いのだ。

筑後川流域と有明海の重要性

高良山には高良大社が鎮座し、祭神は高良玉垂命《こうらたまたれのみこと》と豊比咩命だ。どちらの祭神も、正体がよく分かっていない。ただ、高良玉垂命は神功皇后の三韓征伐を輔弼《ほひつ》した神だといい、武内宿禰ではないかと伝わってきた。

豊比咩命はどうだろう。高良山の麓、筑後川流域に、「トヨ」を祭る神社が集まっている。久留米市上津町の豊姫神社、同市北野町大城《おおき》の豊姫神社、同市北野町赤司《あかじ》の八幡神社（赤司八幡）だ。どの神社も、豊比咩を祀っている。

なぜ、高良山に「トヨ」が密集しているのだろう。

石清水《いわしみず》八幡宮（京都府八幡市）の『八幡愚童訓《はちまんぐどうくん》』は、神功皇后の三韓征伐ののち、豊姫が乾珠・満珠を筑後川流域の肥前河上宮に祀ったとある。佐賀県佐賀市大和町の與止日女《よどひめ》神社（河上神社）の祭神は、神功皇后の妹・與止日女《よどひめ》（豊姫だろう）で、世田姫とも呼ばれている。『肥前国風土記』佐嘉郡《さがのこおり》の段に、次の話が載る。佐嘉川（嘉瀬川《かせ》）の川上に石神がいた。名を世田姫という。海の神（ワニザメ）は毎年流れに逆らって遡上し、この神のもとにやってくる。その時、海底の小魚も共にやってくる。その魚を敬えば災いはなく、食べれば、死んでしまうこともある。その魚たちは、二三日留まり、また海に帰っていく。

われわれが「古代の北部九州」と聞かされて、すぐに思い浮かべるのは、「魏志倭人伝」に記載された、沿岸部のことではなかろうか。筑後川流域の豊かさを、つい忘れがちだ。鉄器の保有量という点に関していえば、筑後川流域、有明海沿岸部は、日本有数、高水準で維持していたのだ。筑後川から有明海に出れば、鹿児島県付近を経由して南西諸島につながり、その先には、中国の南側の地域とつながっていく。有明海を出て北側に進めば、壱岐、対馬を経由して朝鮮半島に出られる。五島《ごとう》列島から中国というルートもあっただろう。

弥生時代を代表する吉野ヶ里遺跡（佐賀県佐賀市）に「稲作の痕跡が希薄」なことから、倉庫が建ち並ぶ商都だった可能性が高いとされる。筑後川は潮の満ち引きで、かなり上流まで船が遡上できたようだ。『肥前国風土記』の伝承も、有明《ありあけ》海と筑後川の優位性を謳っているように思えてならない。

その、「北部九州のもうひとつの重要拠点」の防衛の中心が高良山で、ここに「トヨの伝承」「トヨの信仰」が残っていた意味は、けっして小さくない。

地理から読み解く邪馬台国の外交戦

ここで、『日本書紀』に描かれた神功皇后の行動に注目してみよう。

『日本書紀』の記述は矛盾に満ちている。神功皇后に降りた託宣は、「熊襲にかまっていないで、新羅を討て」だった。仲哀天皇はこれを信じず、熊襲を討ったために亡くなったという。だが、その直後、神功皇后も熊襲征討の兵を派遣し、「わけもなく帰伏してきた」といい、すぐに筑紫平野に向けて進軍する。新羅征討、三韓征伐は、筑紫平野を平定した後の話だ。『日本書紀』が描いた「神託と仲哀天皇の悲劇」は、いったい何がいいたかったのだろう。『日本書紀』は、何かを隠そうとしているのではあるまいか。

そして、問題はその直後に起きた。神功皇后は山門県の土蜘蛛の首長・田油津媛を殺し、九州遠征に幕を閉じ、反転している。九州にやってきた目的は、これだろう。九州の女首長が、最後まで抵抗したのだ。

注目すべきは、田油津媛が「山門県の人」だったことで、ここは邪馬台国北部九州説の最有力候補地ではないか。「ヤマト（山門）」は「邪馬台国」に通じている。『日本書紀』は「山門県の野蛮な土蜘蛛」というニュアンスで語っているが、すでに述べてきたように、筑後川流域と有明海周辺は、当時の最先端地域であった。『日本書紀』が「土蜘蛛」といっているのは、それだけ「激しく抵抗した」からであり、難敵だった証拠なのである。

邪馬台国北部九州説の最有力候補地の女首長を、「『日本書紀』が邪馬台国の時代の人」と指摘した神功皇后が滅ぼした事実は、無視できない。しかも、神功皇后は「トヨ（豊）の女神」と、多くの場面で接点を持ち「トヨの宮」「トヨの国」で活躍している。すると、山門県こそ邪馬台国で、田油津媛は卑弥呼ではなかったか。そして、神功皇后は、「魏志倭人伝」にある「卑弥呼の宗女・台与」ではあるまいか。

ここで思い出されるのは、本居宣長らの、「邪馬台国偽僭説」だ。

本居宣長は、本当の邪馬台国（ヤマト）は奈良にあったのに、九州の女酋が、「われわれこそ邪馬台国」と、偽って魏に報告したのではないか、というのだ。

卑弥呼は景初三年（二三九）に魏に使者を送り込んでいる。これは、纒向が誕生してしばらくたってからのことだ。一方中国では、魏が日の出の勢いを得て、朝鮮半島に進出したちょうどその時だった。北部九州は劣勢に立たされ、日田を奪われ、選択肢が狭まっていく中、沿岸部の首長と筑後川流域の首長の間に、思惑の差が生まれ、「高良山を楯に戦えば、ヤマトに負けない」と踏んだ内陸部の邪馬台国（山門県）とその周辺の国々が、外交戦で優位に立つために嘘をつき、「親魏倭王」の称号を獲得してしまったのではあるまいか。

そして、本物のヤマトは、台与（神功皇后）たちをさし向け、北部九州沿岸地帯と密約を結び、橿日宮に拠点を作り、一気に山門県になだれ込んだのではなかったか。邪馬台国の卑弥呼は、「南の狗奴国《くなこく》が攻め込んできた」と、魏に使者を送ったが、「東から本当のヤマトが攻めてきた」とは報告できなかったため、やむなく本物のヤマトを「南の狗奴国」と偽ったのだろう。しかし『日本書紀』には、田油津媛の兄が救援に駆けつけたときは、すでに田油津媛は敗れていたとある。電撃作戦に敗れたのだろう。戦争が長期化すれば、ヤマトは不利になる。超大国・魏を敵に回すことになるからだ。一気に山門県を蹴散らしたのだろう。

南海を通ってヤマトに入った武内宿禰の意図

「魏志倭人伝」によれば、卑弥呼亡き後、男王が立ったが、みな納得しなかったとある。それどころか、千余人が殺されたというのだ。ここで、いったいなにが起きていたのだろう。

ここは推理が必要だ。台与（神功皇后）が卑弥呼を殺したことでヤマトの思惑通りに事が運び、北部九州勢力を圧倒したのだから、ヤマトで男王が立とうとしたのだろう。

しかし、北部九州沿岸部の首長たちは、納得しなかったのかもしれない。あるいは、「条件闘争」に一歩踏み出した可能性がある。

「北部九州沿岸部の首長層を優遇しなければ、親魏倭王をヤマトが殺したことを帯方郡（魏）に密告する」

と、脅したかもしれない。そして、「台与を王に立てれば、丸く収まる」と、持ちかけた可能性を疑っておきたい。

この北部九州沿岸部の首長たちの策に積極的に乗ったのは、山陰の諸勢力ではなかったか。出雲はもともと北部九州に親しかったから、魏→帯方郡→北部九州というラインが生まれたことを、好機と思ったにちがいないのだ。ヤマトの新たな男王の誕生を、北部九州沿岸部の首長たちが、阻止しようとしたのではあるまいか。そして紆余曲折を経て、台与（神功皇后）が、卑弥呼の宗女を名乗り、九州で王に立ったのだろう。

しかし、結局台与は、ミイラ取りがミイラになっただけだったのだ。その様子が分かるのは、武内宿禰の行動である。

『日本書紀』応神九年（三四八年）夏四月条に、武内宿禰を筑紫に遣わし、百姓を監察させたとあり、このとき、弟・甘美内宿禰《うましうちのすくね》が兄を除こうとして「武内宿禰は常に天下を狙っております。今、密かに謀り、筑紫を分割して三韓（朝鮮半島の国々）を招き入れ、従わせ、天下を奪おうとしている」と天皇に讒言《ざんげん》した。天皇は武内宿禰を殺そうとしたが、壱伎直《いきのあたい》の祖・真根子《まねこ》の容貌が武内宿禰そっくりで、身代わりになって死んだ。のちに武内宿禰は「南海（南海道）」を経由し、紀水門《きのみなと》（紀伊水門《きのみなと》。和歌山県の紀ノ川河口の港）に留まり、さらに都に出て弁明し、盟神探湯《くかたち》（呪術的な裁判法）によって、無実を証明した……。

ちなみに、神功皇后摂政元年二月条にも、武内宿禰が応神（乳飲み子）を政敵から守って南海に出て、紀伊水門に一度留まり、ここから都を目指したとある。応神の腹違いの兄たちが、応神のヤマト入りを阻止しようと立ち塞がっていたのだ。

武内宿禰は神功皇后と応神に付き従った忠臣であった。そして、九州に出向いたとき、二度のピンチに遭遇している。また、九州からヤマトに向かうに際し、毎回「南海」「紀伊水門」を使ったという話、聞き捨てならない。このふたつの話、根っこは同じではあるまいか。

武内宿禰は三百歳の長寿を保ち、長い間歴史に登場する。だからかえって「胡散臭い」とレッテルを貼られ、創作上の人物とみなされている。しかし、なぜ『日本書紀』が人間離れした長寿の人を必要としたかというと、理由のひとつに、「歴史をくり返し述べたために、古代を代表する、当時誰もが知っていた英傑を、くり返し登場させなければならなくなったから」だろう。そして、「武内宿禰といえば南海」という設定にも、何かしらの隠された意味があったのだろう。

南海道というと、陸路なら四国全般を指している。そのため、瀬戸内海の四国の北岸を東に向かい、徳島から淡路をへて、紀伊水門へ渡ったと解釈することも可能だが、ここは高知県側の太平洋を通って「密かにヤマトに近づいた」のではあるまいか。そう考える理由を、これから説明する。

台与はどこに消えたのか

「魏志倭人伝」は、台与が魏の都に使者を遣わしたと記録する。男女の奴隷三十人と白珠五千、青い大きな勾玉《まがたま》二個などを貢いだとある。ちなみに、卑弥呼は巨大勾玉を魏に贈っていない。神功皇后＝台与は、角鹿から出雲を経由してやってきたが、越とつながっていて、ヒスイの勾玉を取り寄せたのだろう。

ただし、このあと魏に代わって晋《しん》が立つ。『日本書紀』神功皇后摂政六十六年条に、この年は晋の武帝の泰初《たいしょ》二年（二六六）だといい、晋の成立した翌年のことになる。

晋の『起居注《ききょちゅう》』に、「武帝の泰初二年十月に、倭の女王が通訳を重ねて貢献せしめた」とある。これは台与のことで、以後中国の歴史書に、台与の姿は現れない。そしてこの三年後に、神功皇后は亡くなったと『日本書紀』はいう。

魏が滅んだことで、台与に下賜された「親魏倭王」の称号は、意味をなくしたのだろう。だから、慌てて、使者を送ったが、その結果がどうだったのかについて、『起居注』も『日本書紀』も、何も語らない。

台与は、いったいどこに消えてしまったのだろう。なぜ『日本書紀』は、ヤマト黎明期の女王たちの活躍を無視してしまったのだろう。なぜヤマトは、女王から始まったと記録せず、「神武天皇（男王）が南部九州からやってきてヤマトは建国された」と、女王たちを無視したのだろう。その一方で、天皇家の祖神を天照大神という女神にしたのには、何か理由があったのだろうか。

ここに、ヤマト建国の真相を解き明かす手がかりが隠されているはずなのだ。

ここで改めて、ヤマトを構成した勢力を、分析してみよう。西からやってきのは、吉備と出雲だ。これに、タニハをバックにした近江と東海（尾張）が、力を持っていた。もちろん、ヤマトの土着の勢力も強い発言力を持っていただろう。

台与が女王に立った時点で、ヤマトに大きな亀裂が入っていたとしたら、どことどこが、反目し、疑心暗鬼になっていただろう。

ここで注目しておきたいのが、神話の出雲の国譲りのことだ。歴史として顧みられることはなかったが、われわれは、重大なヒントを見すごしてきたように思う。

天上界（高天原）の神々は、天照大神の子に葦原中国《あしはらのなかつくに》を支配させようと考えたが、地上界には邪《あ》しき鬼《もの》（出雲神）が大勢いた。そこで工作員を次々に送り込んだが、出雲に同化してしまい、なかなかうまくいかなかった。そこで、最後の切り札に選ばれたのが、経津主神《ふつぬしのかみ》と武甕槌神《たけみかづちのかみ》だった。結局、二柱の神の活躍で、出雲は国譲りを受け容れた。出雲は敗れ、考古学的にも、ヤマト建国後の出雲の衰退は明らかにされている。

瀬戸内海と日本海の対立が生んだ天孫降臨

この神話、「出雲VS.天上界」と描かれているが、実際には、ヤマト建国後に勃発した主導権争いが「瀬戸内海VS.日本海」ではなかったか。

経津主神と武甕槌神は、それぞれが物部系と尾張系とする有力な説がある。実際、物部氏と

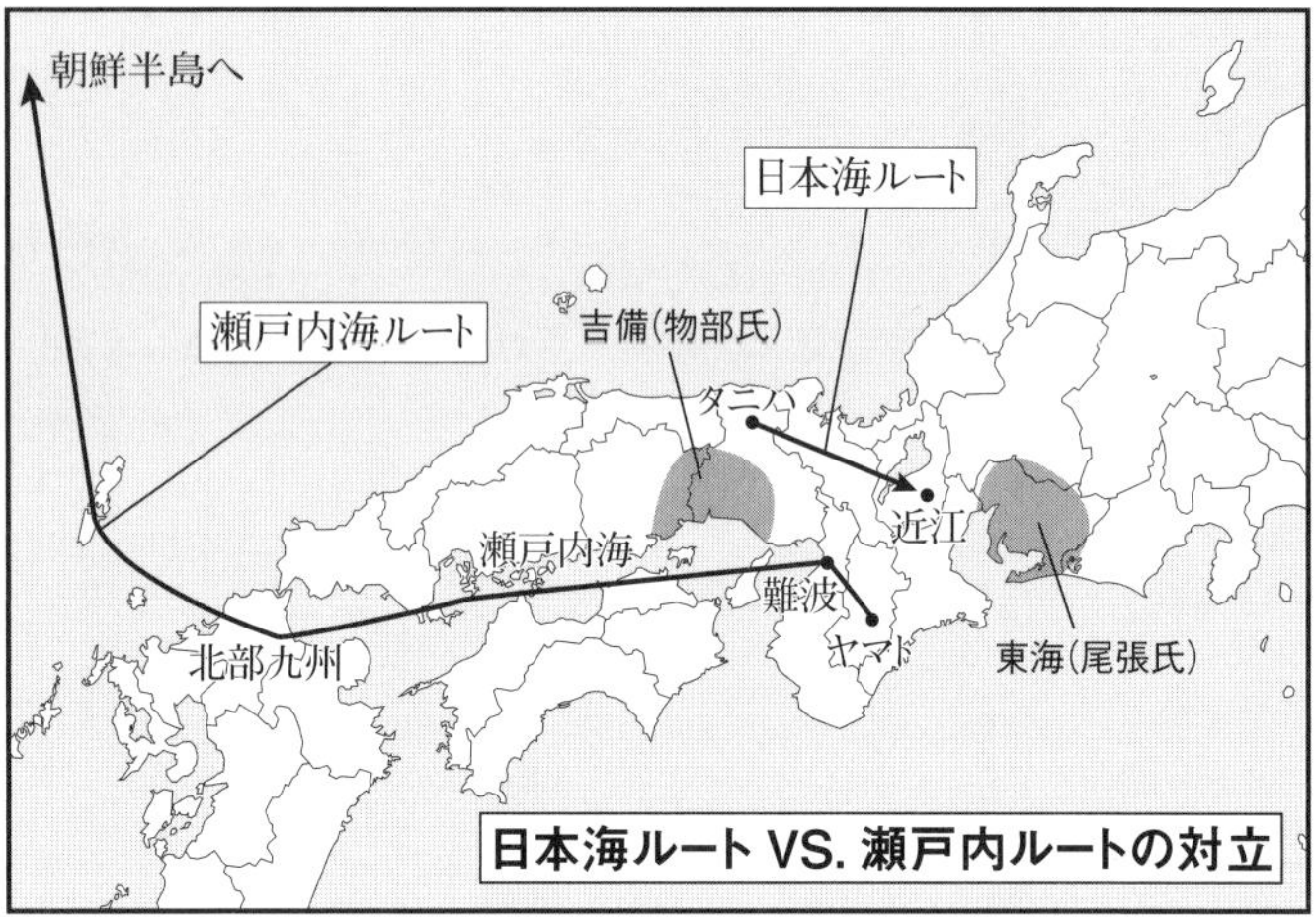

日本海ルートVS.瀬戸内ルートの対立

尾張氏は、歴史時代に入っても出雲いじめ、日本海封じこめで手を組んでいく。これは、偶然ではあるまい。

筆者は物部氏を吉備出身とみなす。そして尾張氏は東海を代表しているから、経津主神と武甕槌神が出雲を倒したという話は、瀬戸内海航路（吉備＋東海）が日本海航路を潰しにいったと想定することが可能となる。

尾張＝東海は、タニハ→近江と渡って来た文物のおかげで成長できたのだから、当然日本海連合に与すると思われるかもしれない。しかし、いったんヤマト→難波→瀬戸内海→関門海峡→北部九州→朝鮮半島のルートが確立し、瀬戸内海の至便性に気づけば、「これからは瀬戸内海ルートが発展する」と読んだにちがいないのだ。東海勢力は、ヤマト建国に大いに貢献し、ヤマトの発展を考え、吉備と手を組んだのだろう。

一方台与は、近江、越、タニハ、出雲を経由して北部九州に向かい沿岸部の首長を説得し、味方に着けたのだから、日本海の利を代弁する立場だったろう。ここに、ヤマト建国黎明期の枠組みは、大きく狂っていく。厳しい主導権争いが勃発したにちがいないのだ。

神功皇后は三韓征討をすましたあとヤマトに戻ってきたと『日本書紀』はいうが、実際には北部九州で女王となって、ヤマトとの間に緊張関係が生まれ、魏が滅んだ段階で、窮地に立たされたのだろう。もちろん、親魏倭王の称号の意味がなくなって、ヤマトは分裂し、瀬戸内海は日本海＋北部九州を潰しにかかったと考えられる。

そこで問題となってくるのが、「武内宿禰はたびたびヤマトと敵対し、その後南海を通って紀伊水門に至り、ヤマトにこっそり戻ってきた」という話だ。なぜ南海（高知県側）を通ったかといえば、「吉備（物部）と敵対していたから瀬戸内海を通ることはできなかった」のだろう。そして、日本海ではなく南海を通ってきたというところに、話の妙がある。武内宿禰らは、経津主神と武甕槌神（吉備と尾張）に追い詰められ、北部九州で敗れ、南部九州（日向）に逃れていたのではなかったか。これが、神話にいうところの天孫降臨の真相であろう。

天皇家と出雲神は同一？

哲学者の上山春平は『続・神々の体系』（中公新書）の中で、天皇家の祖神と出雲神は、鏡で映した表と裏という、大胆な仮説を提唱している。

『日本書紀』や『古事記』に描かれた神統譜は、アメノミナカヌシ（天之御中主神）を頂点に、タカマノハラ（高天原）系とネノクニ（根国・出雲）系に分かれ、歴史時代の始まりのイワレヒコ（神武天皇）の段階で統合されてしまう。神武天皇は出雲神・事代主神《ことしろぬしのかみ》の娘を正妃に迎えいれているのだ。

その理由を上山春平は、七世紀末から八世紀初頭にかけて、律令制度が整った時代に、新しい原理が旧体制を克服した投影ではないか、と指摘している。

この考えは、山陰地方からめぼしい考古学の発見がない頃に唱えられたもので、「出雲神は天皇家の反対概念として考え出された」と信じられていたころの発想なのだ。しかし、弥生時代後期の出雲に、けっして侮れない勢力が存在していたこと、ヤマト建国の直後に没落していたことが分かってみると、この神話には、もっと深い闇が隠されているのではないかと思えてくる。

タカマノハラ系とネノクニ系が、一度分かれて、ふたたび合流したというのなら、もともと両者は同一で、何かしらの理由で「別の存在にされた上で、史実を抹殺された」のではないかと思えてくるのだ。

筆者は蘇我氏が実際には改革派だったにもかかわらず、『日本書紀』編纂時の権力者藤原氏によって、大悪人に仕立て上げられ、しかも手柄を横取りされてしまったと推理してきた。この場合、歴史捏造のトリックはシンプルだった。まず、蘇我系の皇族・聖徳太子をべた褒めする。人間離れした聖者だったと称える。そして、蘇我氏の業績を、聖徳太子にいったん預け、その上で聖徳太子の子の山背大兄王の一族を蘇我入鹿に滅ぼさせることによって、聖徳太子が聖者であればあるほど、蘇我入鹿の悪が際立つという、図式を作り上げたのだ。しかし、「聖者・聖徳太子」と「大悪人・蘇我入鹿」は、改革者・蘇我氏を分解してふたつにみせかけたものなのである。

とすれば、神統譜をふたつに分解してしまったという話、何かを隠匿するためのカラクリと疑うべきだ。

出雲を追い詰めたのは物部（吉備）と尾張（東海）

考古学は「出雲がそこにあった」といい、「出雲は本当に衰弱していた」ことを明らかにしたが、神社に残された伝承も、出雲神話の裏側を正確に伝えている。

出雲の西隣が旧石見国《いわみ》（島根県西部）で、石見国一宮の物部神社（島根県大田市《おおだ》。主祭神はニギハヤヒの子で物部氏の祖の宇摩志麻治命《うましまぢのみこと》）には、次の伝承が残されている。

宇摩志麻治命は神武東征の功を認められ、霊剣・韴霊《ふつのみたま》を下賜され、鎮魂の祭祀を執り行った。これが鎮魂祭の起源だ。ヤマト建国後、宇摩志麻治命は尾張氏の祖・天香具《あまのかぐ》（語《ご》）山命《やまのみこと》とともに、尾張、美濃、越国をめぐり平定した。天香具山命は越後の伊夜彦《いやびこ》神社（新潟県西蒲原《かんばら》郡弥彦《やひこ》村の彌彦《いやひこ》神社）に留まった。かたや宇摩志麻治命は、播磨、丹波を経由して石見に入ると、鶴降《つるぶ》山に舞い下り、国見（高台に登って一帯を睥睨《へいげい》し、霊的な支配権を獲得すること）をし、さらに物部神社の裏手の八百山がヤマトを代表する霊山・天香具山に似ていることから、この地に留まり、その後物部神社が建てられた……。

また、神社の伝承によれば、もともとニギハヤヒが三瓶《さんべ》山の出身だったために、この地に宇摩志麻治命が居を構えたという。また、宇摩志麻治命は、出雲族を牽制する目的で、この地に留まったといい、事実石見と出雲のふたつの地域は、古来いがみ合っていて、強く意識しているという。

神社伝承を、史学者はほとんど無視してしまうが、物部神社の場合、「的を射ている」から、恐ろしい。

すでに触れたように、出雲の国譲りで活躍した経津主神は物部系で、武甕槌神は尾張系ではないかと疑われている。歴史時代に入っても、出雲いじめの記事が『日本書紀』に残されていくが、その中で出雲は物部氏や尾張氏に叩かれていく。

そして、ヤマト建国の直前の日本海で、出雲で盛行した四隅突出型墳丘墓が山陰から越《こし》に伝播していたことは、すでに述べている。その「日本海の四隅突出型墳丘墓の勢力圏」をちょう

▲物部神社

▲出雲大社

ど挟み込む場所に、天香具山命と宇摩志麻治命が楔を打ち込んでいたという説話を、無視してはならないだろう。しかもご丁寧に、宇摩志麻治命は「出雲と最初敵対していたがのちに手を組んだタニハの拠点（丹波と播磨）」も、わざわざ通っている。これはまさに、瀬戸内海VS.日本海の生生しい主導権争いの記憶であり、神社伝承だからといって侮れないことを証明している。

出雲を追い詰めたのは、物部＝吉備と尾張＝東海にまちがいあるまい。

九州西海岸の多島海と黒潮を利用した武内宿禰

台与（神功皇后）の王国とヤマトの間で、疑心暗鬼が募っていったのだろう。そして、両者には決定的な亀裂が生まれ、それは瀬戸内海VS.日本海＋北部九州という二大勢力の激突に代わっていったのだろう。もちろん、敗れたのは台与の王国だ。台与はこうして歴史からフェードアウトしていくのである。

問題は、なぜ『日本書紀』が、この史実を後世に残さなかったのか、ということで、答えは至ってシンプル。蘇我氏の祖・武内宿禰が、ヤマト建国の段階から活躍していたからだろう。蘇我氏を滅ぼした正当性を証明したかった『日本書紀』は、蘇我氏の祖の活躍が邪魔になったのだろう。他の拙著の中で繰り返し述べたように、仲哀天皇が亡くなられた晩、神功皇后は住吉大神と「夫婦の秘め事」をしていた（『住吉大社神代記』）と伝わり、その住吉大神こそ、武内宿禰だったと、筆者はみる。要は、蘇我氏こそがヤマトの王家の祖だったのだ。『日本書紀』が一番抹殺したかった事実である。

日本海連合は、こうして敗れたのだ。しかし、彼らは滅亡したわけではなかったろう。北部九州から、有明海に逃げたにちがいないのだ。そして向かった先は……。

天孫降臨神話の中で、天津彦彦火瓊瓊杵尊ははじめ高千穂峯《たかちほのみね》（宮崎県と鹿児島県の県境の高千穂峰と宮崎県西臼杵郡高千穂町の二説あり）に舞い下り、そのあと歩いて笠狭碕《かささのみさき》（鹿児島県西北部の野間《のま》岬）にたどり着いたとある。天から舞い降りてきたという設定は「神話そのもの」だが、「野間岬にたどり着いた」という話は、リアリティがある。有明海から船を漕ぎ出し海岸線に沿って南に逃れれば、野間岬に突き当たるからだ。

しかも、この一帯は地図を見れば分かるように、想像以上の多島海《たとうかい》で、海の民の楽園だった。多島海は、海底部分が複雑な地形を形成し、潮の満ち引きに際し、狭まった場所で圧を生み出し、潮の流れを複雑に、そして速くするのだ。潮のクセを熟知している海人にとって、多島海は「労力なく自在に船を進められる絶好の場所」だった。だから、すでに縄文時代から、九州の西海岸を、縄文の海人たちが、盛んに往き来していたことが分かっている。

鹿児島県から宮崎県の一帯には、弥五郎ドン伝説（巨人伝説）が残っていて、「武内宿禰ではないか」と語り継がれている。史学者の多くは、南部九州と武内宿禰は、なんの縁もゆかりもないと、無視するが、神功皇后と応神は、ヤマトの瀬戸内海勢力に裏切られて追われ、行動をともにしていたのが武内宿禰とすれば、数々の辻褄が合ってくる。

武内宿禰が九州で謀反を企てていていると密告され、「南海」を通って紀伊半島に密かに戻ってきたという話、日向を起点に考えれば、合点がいく。瀬戸内海を利用できなかったから、太平洋側の黒潮に乗って、紀伊半島を目指したのだろう。

すでに述べたように、初代神武天皇と第十五代応神天皇は、同一人物と筆者は考える。ヤマト建国の真相を闇に葬りたい『日本書紀』は、ひとつの時代の話をいくつかに分解してしまったのだ。

実在の初代王と史学者も認める第十代崇神天皇の時代、疫病の蔓延によって人口が半減してしまったので占ってみると、出雲神・大物主神の意思だということが分かった。そこで、大物主神の子を探し出して大物主神を祀らせたところ、世は平静を取り戻したという(『日本書紀』)。この、「出雲神の祟りを鎮めるために連れて来られた御子」こそ、神武天皇であり、第十五代応神天皇だったと、筆者は推理する（拙著『応神天皇の正体』河出書房新社)。

第四章

瀬戸内海と河内王朝を地理で見直す

忘れられた特殊な瀬戸内海

試しに、日本地図を見ないで、日本列島を描いてみると面白い。普段どれだけ地理に無頓着か、大切な地形を見落としているか、はっきりと分かる。

たとえば、本州島と九州島の間に横たわる関門海峡が、あまりに狭いことや、第三章の最後に触れた九州の西側の多島海も、見落としがちだ。

そしてもう一か所、「こんな地形していたのか」と、驚かされるのが、瀬戸内海だ。本州島と四国と、淡路島を描いて、ほとんどの人が筆をおいてしまうだろう。特に、関東の人間は、瀬戸内海に浮かぶ無数の島々を、つい忘れがちだ。

「島といっても、小さい点のようなものが、無数に散らばっているのでしょう?」

と、いわれるかもしれない。ならば、地図を開いてみることだ。

まず、尾道を探してみよう。

尾道といえば、坂の街で有名だが、目の前を狭い、窮屈な小川のような海峡が流れる。現地にたたずめば、向こうの陸地が本当は島であるとは気付かない。その島が向島で、人が渡るための橋はない。渡し船の御世話になる。「しまなみ海道」を自転車で横断するにも、まずこの海峡をハシケ(平底の船舶)で横断するところから始まる。

古くは、この小川のような海峡が、天然の良港として活用されていたのだ。

▲しまなみ海道

ここから四国まで、大きな島、小さな島が、数珠《じゅず》つなぎになっていて、その上を高速道路が突っ切っている。これが「しまなみ海道」だ。

地図を改めて見やれば、瀬戸内海の海域を、ところせましと、島々が埋め尽くしている。「海」は、申しわけ程度に、島の脇をすり抜けているといった方が正確だ。しまなみ海道一帯は、陸地の間を海がすり抜けているのだ。瀬戸内海と外海をつなぐ関門海峡や豊予《ほうよ》海峡（速吸瀬戸《はやすいのせと》。呼称からして、潮の流れが速いことが分かる）、鳴門《なると》海峡は、「たしかに狭い海域なのだろう」と、察しはつくが、瀬戸内海の内海にも、それ以上に狭い海域があったことは、驚きなのだ。

ちなみに、鳴門のうずしおは、潮が狭い海峡を通過するために発生するのだが、西側の果ての海峡が広ければ、これほどの流れが生まれるかどうか、分からないと思う。瀬戸内海全体が、「海峡に囲まれ

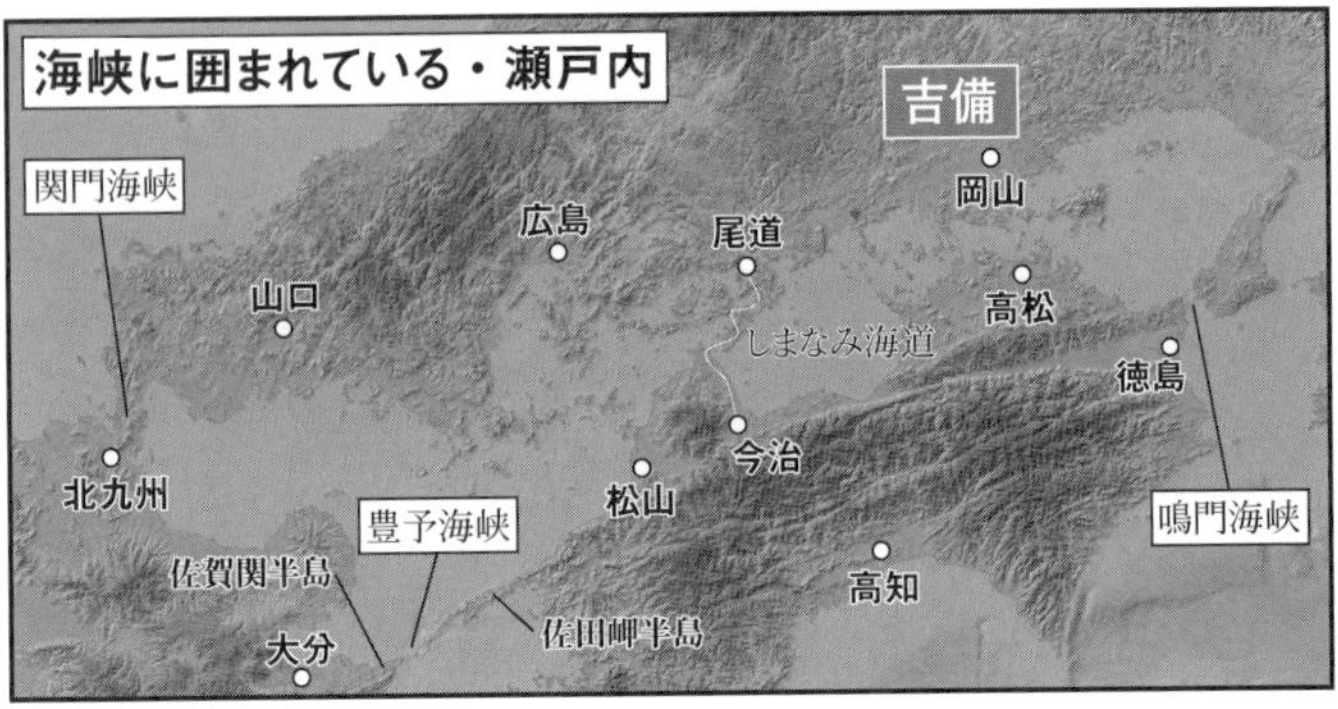

国土地理院・色別標高図を基に作成

ている」ところがミソなのだ。

それにしても、日本の神様は、いたずら好きで、豊予海峡など、本当ならもっと広い海だったはずなのに、佐田岬《さだみさき》半島という、ひょろひょろと長い土地を用意して、瀬戸内海の「機密性」を保っている。また、九州側も、佐賀関《さがのせき》半島が佐田岬半島と握手をしたがっているように伸びている。不思議な地形なのだ。地誌地学的にいえば、「構造線が走っている」ということになろうが、だからといって、「瀬戸内海が誕生した奇跡」は、やはり神様のいたずらとしか思えないのである。

そして、内海の多島海も、大きな意味を持っている。上空から見ても、「塩が流れる場所が狭くなっているから、圧がかかって、潮の流れはさらに速くなるだろう」と、察しがつくが、潮の満ち引きの際、海底の地形も、大きく影響してくる。真っ平らな海底と比べて、島を構成するさまざまな地形が、潮の流れを複雑にし、速度を高める働きをする。

瀬戸内海の魚がうまいのは、潮の流れが速く、筋肉質だからだ。関サバ、関アジといえば、豊予海峡でとれたサバやアジで、大分市の佐賀関に水揚げされる。明石《あかし》の鯛や、しまなみ海道周辺のタコも、絶品だ。岡山、広島など瀬戸内海沿岸の街なら、どこでも魚は美味しい。

また、吉備の発展は、瀬戸内海航路のほぼ真ん中に位置していたことも大きな理由のひとつだ。潮の満ち引きが、吉備のあたりで分かれる。満ち潮と引き潮の接点が吉備で、航海する船は、必ずここで潮待ちをしなければならない。

海賊山賊は優しい人たち

『万葉集』巻一―八は、額田王《ぬかたのおおきみ》の潮待ちの歌だ。

熟田津《にきたつ》に船乗りせむと月待てば潮もかなひぬ今は漕ぎ出でな

斉明《さいめい》七年（六六一）、朝鮮半島の百済《くだら》は一度滅び、復興の狼煙《のろし》を上げたが、唐と新羅の連合軍の前に、風前の灯だった。ヤマト朝廷に救援要請があり、斉明天皇は遠征軍を率いて九州に向かう。その途中、熟田津（愛媛県松山市。道後温泉近くの港）で、一行は潮待ちをしていたのだ。

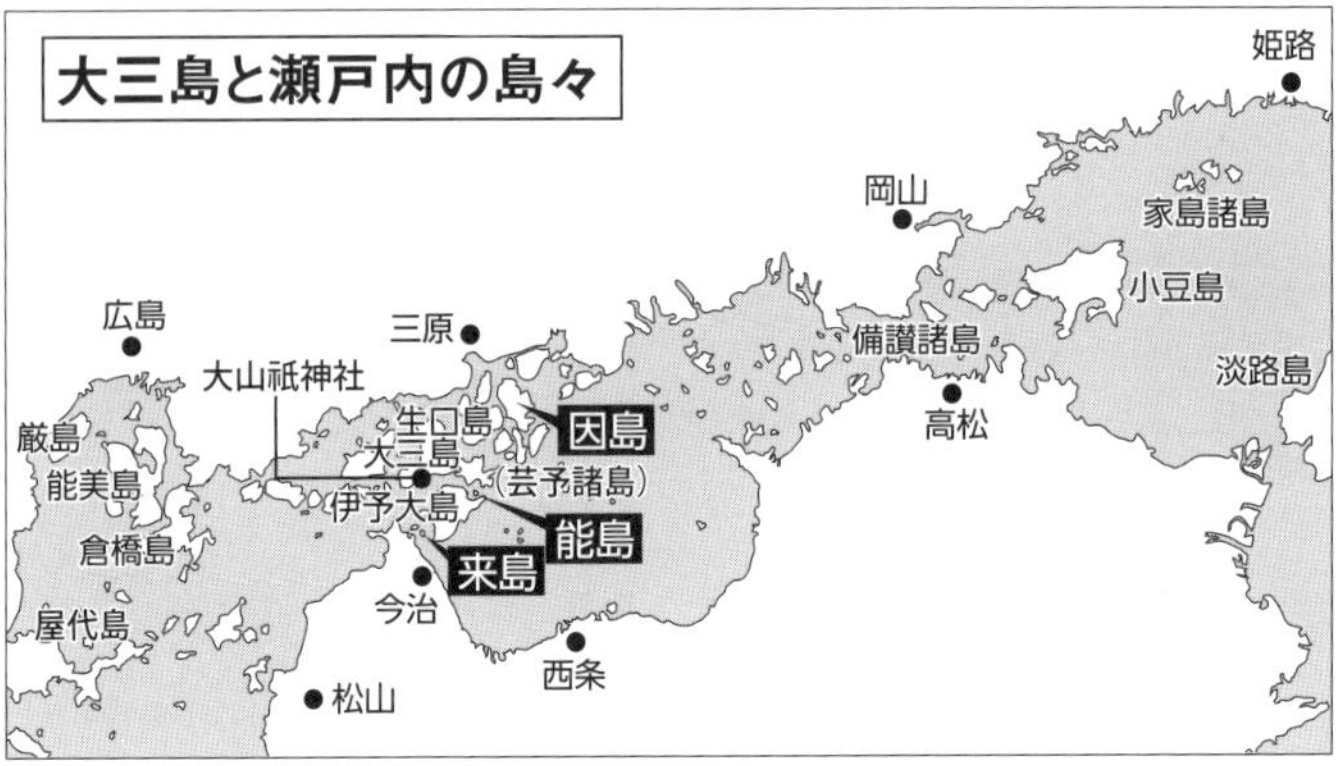

すでに述べたように、多島海の潮の流れは速い。潮に逆らって航海することはまず不可能で、逆に、潮に乗れば、労力なく先に進むことができる。瀬戸内海での潮待ちは、常識だったのだ。

これは余談だが、斉明天皇は飛鳥（奈良県高市郡明日香村）周辺でさかんに土木工事を行い、百済遠征を断行していて、近年政治手腕に関して評価が高まっているが、このとき実権を握っていたのは、子の中大兄皇子と思われる。斉明天皇以下、多くの女性たちが九州に同行しているのは、遠征に反対している勢力を牽制するための人質だろう（拙著『新史論／書き替えられた古代史』小学館新書）。

ところで、あまりにも潮の流れが速く、複雑だったため、瀬戸内海には、海賊が現れた。よくいえば水軍。悪くいえば、海賊だ。村上水軍が、代表的な存在だ。

村上水軍＝海賊は、けっして悪い人たちではない。通交する船に近づき、

「大山祇神《おおやまつみのかみ》に捧げるお賽銭《さいせん》、あなたの代わりに、われわれが

▲大山祇神社

大三島《おおみしま》にお届けいたしやしょう」

と、もちかけるのだ。

「神様祀らないと、大変なことになりますよ。バチが当たっても知りませんよ」

と、丁寧に教え諭すのだ。

これが脅しに聞こえるあなたは、心がねじ曲がっている。だってそうではないか「お賽銭、代わりに持っていってさし上げましょう」と、親切心で語りかけているのだから……。

これに応じた船には、「お賽銭払ってます（直接にこう書いてあるわけではない）」

という目印の旗を貸し出す。この旗の効力は絶大だった。周辺の海の民たちが、通交を妨げない。黙認してくれる。ところが、旗を立てない船を見つけようものなら、寄ってたかって、痛めつける。天罰を喰らわしてやるのだ。現代風にいえば、「フルボッコ」というヤツだ。これが、いわゆる海賊の所行である。

預かったお賽銭はどうなるのだろう……。そんなことを詮索するのは野暮というもの。もちろん、神社に預けますよ。海賊たちは、お賽銭奉納代行業者と呼ぶのが正しいのだ。そして、神からご褒美、おこぼれを頂戴するという次第。

山賊も、ほぼ同じシステムで食いつないでいたのだ。むやみやたらに、襲いかかって強盗をしていたわけではない。そんなことしていたら、すぐ、お縄になってしまうではないか。彼らは、もっと賢かった。私的な関を造って、通行料、もとい、お賽銭をもらい受けていたわけだ。その代わり、神に成り代わって、旅の安全を見守り、ときに、賽銭をちょろまかそうとする不《ふ》逞《てい》の輩を懲らしめたわけである。

瀬戸内海の重要性

約十年前、しまなみ海道を自転車で走ってみた。今でこそ、テレビや雑誌に取りあげられ、また海外から大勢の旅行者が押し寄せる観光スポットになったが、当時はまだ、ほとんど知られていなかった。そのとき気付いたのは、瀬戸内海側から見た中国地方の景色が、瀬戸内海の多島海の続きに見えたことだ。山がちで、無数の島がぷかぷか浮いているように思えた。

考えてみれば、山陽新幹線にトンネルが多いのは、沿岸部に平地が少ないからで、むしろ、四国の北岸の方が、穀倉地帯だったのではないか、と思えることだ。讃岐のうどんが有名なのは、香川県に広大な平地があって、コムギを生産していたからだろう。もちろん、それが古代に遡るわけではないのだが、中国地方の沿岸部に比べて、香川県に平地が多かったことはたしかであり、逆に本州側の人々の方が、海で大いに活躍し、だからこそ吉備が栄えたということなのだろう。

瀬戸内海こそ、ヤマト政権にとって、大切な流通の大動脈だったのだ。そしてヤマト建国後、日本海と瀬戸内海は、覇を競い、日本海連合は敗れ去った。出雲は没落し、山陰地方全体も、勢いを失ったのである。

瀬戸内海の優位性は、北部九州と大阪をつないでいることだ。しかも、すでに触れているように、潮の満ち引きを利用して、労力なく船を動かせる。潮の流れのないときは、漕《こ》ぎ、帆を張っただろうが、多島海の利便性は、何といっても、速い潮であり、瀬戸内海は古代版ハイウェイといっても過言ではなかった。大量の物資を運ぶのに、船ほど便利な乗り物はないのだ。

ちなみに、海の民と船は、川を上ることもできた。馬に引かせたのだ。九州の隼人は、海の民でもあったが、騎乗も得意だった。海の民は、時に馬を船に乗せ航海し、川を遡上したのだ。だから、大阪の淀川周辺には、古代の牧が設置され、馬が飼われていたのである。

継体《けいたい》天皇が越から畿内に向かうきっかけになった河内馬飼首荒籠《かわちうまかいのおびとあらこ》が、まさに淀川周辺の牧と大いにかかわっていた。

近世に至っても、大阪が日本を代表する商都だったのは、瀬戸内海があったからだ。特に越方面から近畿地方と続く物資輸送は、対島海流に逆らわず、若狭湾↓近江↓畿内のルートが使われていたが、江戸時代に、日本海↓下関↓瀬戸内海↓大阪に移行したのだった。

このように、大阪の今日の商都としての繁栄は、瀬戸内海の重要性に気付いて、はじめて合点が行くのだ。そこでようやく、大阪の古代と地理の話ができる。

使い物にならなかった古代の大阪

古代の大阪も、瀬戸内海を東西に往き来する船の止まり木として、中継基地として、大いに発展したのだ。流通の起点であると共に、終着点でもあった。

ただし、ヤマト建国当初から、大阪が発展したわけではない。地勢上の弱点を抱えていたからだ。

ヤマト建国当初の大阪は、土地の狭い窮屈な場所だった。ほとんどが海か湖（湾）の底だったのだ。物部氏や中臣氏が生駒山の西側にへばりつくように拠点を造っていたのは、すぐ西側が湖（湾）だったからだ。

大坂城は南北に細長い上町《うえまち》台地の先端部に築かれているが、かつては、ここが半島だった。上町台地の西側が海で、東側が河内湖《かわちこ》（湾）だったのである。

ヤマト政権は長い歴史のなかで、時々大阪に都を遷すことがあった。宮が造られたのは、たいがい上町台地の上で、のちの時代の大坂城の近辺だった。やはり古代人も戦国武将も、考えることは同じだ。戦略上重要な場所を、本能的に察知したのだろう。

ちなみに、豊臣秀吉が大坂城を築く前は、石山本願寺がここを支配し、織田信長と死闘を繰り広げていた。大阪で敵を相手に防衛するには、上町台地か、あるいは楠木正成が採ったように、葛城山系を頼るか、長髄彦《ながすねひこ》のように、生駒山を背に戦う手があったのだ。そして、日本の流通を支配したいのなら、やはり上町台地が必要だ。だから力を持った者は、かならずここを手に入れたのだ。

ただ、三世紀、四世紀の段階で、大阪で農地を増やし、人口増を期待することはむずかしかった。わずかな平地も、水害に苦しめられたのだ。これは仕方の無いことだった。なにしろ河内湖には、大阪府（石川、淀川）のみならず、奈良県（大和川）、京都府（桂《かつら》川、鴨《かも》川）、滋賀県（瀬田川、宇治川、さらに琵琶湖に注ぎ込む川すべて）、三重県の伊賀（木津川）の水が集まってきたのだから（想像を絶する量だ）。しかも堆積物で、上町台地の先端部がどんどん北に向かって伸び、海への出口が狭まっていったのだ。この結果、河内湖周辺で、たびたび水が溢れたようで、低い土地は、人が住めるような状況ではなかったのだ。弥生時代の水害の様子も分かっている。

もちろん、ヤマト政権は、河内湖問題を座視しておくことはできなかった。じつは、五世紀に河内に巨大前方後円墳がいくつも造られていくのは、治水工事のためだった可能性が高いのだ。

もてはやされる三王朝交替説

大阪の古代史といえば「河内王朝論」が有名だ。河内に巨大前方後円墳が造営された時代、新王朝が河内に登場したというのだ。河内の歴史と地理を知るために、この推理について、説明しておく必要がある。

さて、江上波夫は、朝鮮半島西南部に進出した騎馬民族は、百済を建国し、四世紀初めに北部九州にやってきたと推理した。北部九州に国を造ったのは崇神《すじん》天皇で、その後応神《おうじん》天皇が河内に移り、新たな王朝をうち立てたと考えた。これに対し考古学者の佐原眞は、考古学が進展した結果、たしかに日本列島に騎馬民族的な文化が移入されたことは確かにしても、四世紀初めの北部九州に、騎馬民族による征服があった痕跡《こんせき》はなにもないし、五世紀のヤマトの突発的な古墳文化の変化も証明できないと反論した（『騎馬民族は来なかった』日本放送出版協会）。こうして、騎馬民族日本征服説は下火になったのだ。

しかしその一方で、征服者が日本を蹂躙したという発想は、戦後史学界に強く影響を及ぼした。たとえば水野祐の三王朝交替説が華華しく登場し（『日本古代王朝史論序説』早稲田大学出版部）、多くの史学者に支持され、三王朝交替説を軸に、古代史が語られてきたのである。

三王朝交替説は、三つの血縁関係にない王家が、次々に君臨したという。なぜ三つの王家の歴史が残らなかったかというと、八世紀の朝廷が「万世一系」による社会秩序の基本的な姿を求めたために（二度と王朝交替をしてはいけないということだろう）、『日本書紀』の中で、「王家は入れ替わることはなかった」と記録したというのである。

まず、三世紀初頭、崇神王朝が、既存の司祭的な王をいただくヤマトの「先王朝」を継承した。これが「古王朝」で、呪術に支えられた王朝だった。先王朝は、仲哀《ちゅうあい》天皇の時代に滅びる。仲哀天皇は九州征討を敢行するも、「魏志倭人伝」に描かれた狗奴《くな》国の末裔に敗れた。狗奴国は熊襲《くまそ》たちの国で、日向《ひむか》に四世紀ごろ国を造り、四世紀後半には東に移り、ヤマトを征服し、第十六代仁徳《にんとく》天皇が「中王朝」をうち立てた（水野祐は第十五代応神天皇と仁徳《にんとく》天皇を同一と考えている）。これが「中王朝」で、特徴は、河内に巨大古墳を造営したことだという。

そして、最後に、大伴《おおとも》氏が六世紀初頭に越（北陸）から継体天皇を連れてきて擁立した。これが「新王朝」で、今日につづく王家が誕生したというのだ。

三王朝交替説をわざわざ説明したのは、三王朝交替説が、重要視されたこと、中王朝が河内王朝とも呼ばれ、「河内王朝論」が、大いに議論されたからだ。

多くの学者は、崇神天皇、応神天皇、継体天皇の三つの政権が登場したことに関しては、認め合っている。ただ、細かい部分になると、意見を異にする。そして、おおよそ、四つの考えに収斂された。

（1）騎馬民族か九州の勢力がヤマトに移動した（江上波夫、井上光貞）

（2）征服されたわけではなく、河内土着の勢力が成長し、王朝を開いた（岡田精司、直木孝次郎）

（3）三輪王朝が衰退し、その後河内の勢力が王朝を建てた（上田正昭）

（4）ヤマトと河内の有力部族が王朝を築き、権力の中心地が河内に移動した（笠井敏光、白石太一郎）

どの説も、纒向に興ったヤマト黎明期の王朝は衰退し、あるいは滅ぼされたという考えで固まったのだ。

三王朝交替説の論拠

河内王朝の始祖は、仁徳天皇で、応神天皇と同一人物だというのが、もっとも有力な説だ。応神天皇は始祖王にふさわしい。たとえば神功皇后のお腹の中に守られて朝鮮半島からやってきたと『日本書紀』はいい「胎中《たいちゅう》天皇」と特別に呼んでいること、天孫降臨神話の中で、天津彦彦火瓊瓊杵尊《あまつのひこひこほのににぎのみこと》が胞衣《えな》にくるまれて舞い下りている姿に酷似していると指摘されている。

第十五代応神天皇の時代に王朝交替が起きていた証拠のひとつに、天皇の名の変遷が挙げられている。

第十代崇神から第十九代允恭にいたる歴代天皇の和風諡号《しごう》を並べると、次のようになる。

(一〇)ミマキイリヒコイニエ、(一一)イクメイリヒコイサチ、(一二)オオタラシヒコオシロワケ、(一三)ワカタラシヒコ、(一四)タラシナカツヒコ、(一五)ホムダワケ、(一六)オオサザキ、(一七)オオエノイザホワケ、(一八)タジヒノミズハワケ、(一九)オアサツマワクゴノスクネ。


このように、「イリ」が二代、「タラシ」が三代続いたあと、応神天皇以降は、異なる系統に分かれていく。「ワケ」の名が多いことから、河内王朝説をとる人たちは、これを「ワケ系」とみなし、それ以前と系譜の断絶があったのではないか、と推理するのである。

また、仁徳天皇が「とても良い人だった」ことも、大きな意味を持っているという。『日本書紀』に次の記事が載る。


仁徳四年春二月、天皇は群臣に詔して次のように述べられた。

「朕は高台に登って遠くを見やったが、煙が国の中に立っていない。思うに、百姓《おおみたから》たちは貧しく、家に飯を炊く人もいないのではないか。朕は次のように聞いている。昔の西欧の時代には、人々は王の徳を褒め称え、家々には安らかな歌があったというではないか。朕がこの国を治めてすでに三年になるが、褒め称える者もいないし、家々の煙はすくなくなった。すなわち、五穀は実らず、百姓たちは困窮しているのだろう。地方では、さらに状況は悪いに違いない」

そして三月、三年間課役を免除することを決めたのだった。

仁徳七年夏四月、天皇が高台に登ると、家々から煙が立ってた。それをみて、天皇は皇后に、「朕は富を得た。これで憂えることもない」と語りかけた。しかし皇后は、いぶかしんだ。宮垣が壊れ、修理することもままならず、宮も朽ち果て、衣服や夜具も、雨で濡れてしまったからだ。

すると天皇は、次のように述べられた。

「天が君を立てるのは、民のためだ。昔の聖王は、民ひとりが飢え、凍えていても、我が身を責めたものだ。今、民が貧しいのなら、朕も貧しい。民が豊かなら、それで朕も豊かなのである」

そして、三年が過ぎても、課役は免除されたままだった。

仁徳十年冬十月、課役を再開し、宮を造ることになった。すると民は、促されるまでもなく、老いたるものを助け、幼いものを連れて、昼夜を問わず手伝い、競い合って励んだ。だから、あっという間に宮は完成した。そのため、今、聖帝と讃えるのだ……。

これだけ称えられるのは、王朝交替があったからだと王朝交替論者は考えるのである。

しかし、「地理と地形」で推理すれば、王朝交替説は、即座に否定できる。王家が入れ替わったのに、わざわざ河内に都を造る必要がどこにあるのか、まったく見当がつかない。

政権が大阪に移って失敗した例は大化改新

くどいようだが、なぜヤマトに都が置かれたかといえば、最大の理由は、西からやってくる敵をはね返す力があったからだ。もし三王朝交替論者がいうように、西から来た征服者が、ヤマトを倒したとして、あるいはヤマトを圧倒して屈服させたとしても、なぜヤマトの西側の大阪、河内に、都を置く必要があっただろう。

武力で征服した者は、武力で政権を転覆されることを恐れる。防衛力がなく、しかも、水害に悩まされ続ける河内に、なぜ好きこのんで住む必要があったのか。ヤマト黎明期のように、東側の勢力がふたたびヤマトに集まりはじめたら、手も足も出なくなるではないか。

ヤマトに攻め入ったのなら、河内には、戻るはずがない。ヤマトを占領し、少なくとも政権が安定するまでは、ヤマトに都を造るのが自然だ。

また、「ヤマトの東の勢力が恐ろしい」というのなら、もうひとつ策がある。それは最終章で語るが、河内という選択肢ではない。

政治を刷新しようと、大阪に遷都して、痛い目に遭ったという実例がある。それが、七世紀半ばの孝徳天皇だ。いわゆる乙巳《いっし》の変（六四五）ののちの大化改新《たいかのかいしん》（六四六）であり、この改革事業は苦い教訓を残して頓挫していたのだ。

そこで大化改新が大阪で失敗した事情を説明しておきたいが、その前に明らかにしておかなければならないことがある。

乙巳の変、大化改新が、中大兄皇子（天智天皇）と中臣鎌足による天皇家中興のクーデターと、改革事業と信じられてきたのは、『日本書紀』に書いてあることを、鵜呑みにしていたからだ。しかし、『日本書紀』編纂時の権力者が中臣鎌足の子・藤原不比等なのだから、この文書が中臣鎌足の業績を顕彰するのは当然のことだった。だから、『日本書紀』の大化改新をめぐる記事は、慎重に読みなおす必要がある。いまだに誤解が解けていないから、古代史の多くの謎も解けないままなのだ。

『日本書紀』の記事を追ってみよう。蘇我本宗家（蘇我蝦夷や入鹿）が滅亡して皇極《こうぎょく》女帝は皇位を下りた。息子の中大兄皇子が即位すべきだったが、中臣鎌足は中大兄皇子に対し、「年功序列を考慮し、人々の期待している人を」と諫《いさ》めたために、皇極の弟の軽《かる》皇子が即位した。これが、孝徳天皇だ。

ここで不思議なことが起きる。孝徳天皇は、蘇我氏や親蘇我派の人脈を重用しているのだ。そして、中大兄皇子と中臣鎌足は、孝徳朝でほとんど活躍をしていない。

もうひとつ問題は、孝徳朝の重臣が、次々と変死し、政権の屋台骨が崩れていく。しかも、悪さをしていたのは、中大兄皇子と中臣鎌足だった可能性が高い。

地形と地理を無視すれば政権は倒れる

孝徳最晩年、中大兄皇子は「飛鳥遷都」を献策し、受け容れられないとみるや、役人や孝徳の皇后らを引き連れて、強引に飛鳥にもどってしまったのだった。いったいこれは、何を意味しているのだろう。

まず、中大兄皇子と中臣鎌足が正義の味方で、蘇我入鹿が大悪人という『日本書紀』の描いた勧善懲悪の世界から、脱していただきたい。また、蘇我氏全盛期に担ぎ上げられた皇極天皇は、反蘇我派とは考えにくいこと、親蘇我派の人脈を重用した孝徳天皇も、姉同様、親蘇我派であった可能性は高い。

そう考えると、『日本書紀』の記事を、根底から疑ってかかる必要がある。まず、「中大兄皇子と中臣鎌足の蘇我入鹿暗殺によって、蘇我政権は転覆した」という記述は、まったくのデタラメだろう。要人暗殺は起きていたろうが、蘇我政権は、継続していたのだ。

たとえば、孝徳天皇は難波遷都《なにわせんと》を急いだが、このとき、老人たちは口々に、「そういえば、奈良のネズミが大阪方面に向かっていたのは、難波遷都の前兆だったのだ」と語り合ったという。その、ネズミの大移動は、蘇我入鹿存命中の出来事で、この記事は、難波遷都が蘇我入鹿らの発案だったことを暗示している。律令整備の根幹となる都城の建設を目論んだのだろう。ここでは省略するが、律令整備最大の功労者・物部氏の地元に都を遷そうと考えたのかもしれない。

▲難波宮（大阪市中央区）

孝徳天皇は、蘇我入鹿の改革事業を継承したのだろう。しかし、タイミングが悪すぎた。蘇我氏が盤石だったころは、難波遷都は大いに有効だっただろう。しかし、蘇我本宗家が滅び、政権に不安材料が残る中で、難波遷都は急ぎすぎた嫌いがある。

律令制度は旧豪族から土地を奪わねばならない。土地と民を国家の物にして、農地を公平に民に貸し出し、旧豪族には役職と官位、サラリーを与える制度だ。一度豪族は裸にならねばならず、不満と不安が充満していただろう。そういう不安定な時期に、難波に都を遷そうとしたところが、まちがいだったのだ。

反動勢力が奈良盆地で反旗を翻し、政権に圧力をかけ、中大兄皇子や中臣鎌足がそれをけしかけ、孝徳天皇の晩年に、政権を転覆させることに成功したのだ。せめて、飛鳥にいて制度を変え、それから都を遷せば成就したかもしれない。

孝徳天皇の事業は、こうして「地形と地理を軽視した」ために、無残な結果となった。蘇我本宗家が奈良盆地をしっかり掌握していた時代なら、難波遷都も、成功しただろうが、蘇我本宗家が倒れたことで、箍《たが》がゆるみ、豪族たちの改革事業に対する反発が、噴出したのだろう。

独裁者ではない大王がなぜ巨大古墳を造ったのか

蘇我氏の改革事業は、こうして頓挫したのだ。しかし、孝徳天皇を責める気はない。たしかに、大阪には多くの利点があったからだ。

大阪の長所は、瀬戸内海という日本の大動脈と直接つながることだ。そして、もうひとつ、大阪の優位性があるのだが、それはこの章の後半で説明しよう。

ここで再確認しておきたいのは、「新政権は難波や河内に移動してはいけない」ということだ。奈良盆地を完ぺきに掌握したあと、難波に進出するべきなのだ。

だからこそ征服王朝が「まず河内や難波に拠点」を置くのは「普通ならあり得ない」ことなのだ。それこそ、諸葛孔明に、「河内王朝は多くの史学者がいうように新王朝なのか」と聞いてみれば、噴き出すにちがいない。河内王朝論（王朝交替論）は、「戦術」「地形」に精通していない歴史学者の、机上の空論なのである。

ならばなぜ、五世紀の政権は、河内にこだわったのだろう。

▲誉田御廟山古墳（応神天皇陵　大阪府羽曳野市）

応神天皇は、難波や河内と強くつながっている。『日本書紀』応神二十二年三月条に、難波に行幸し、大隅宮《おおすみのみや》（大阪市東淀川区）に留まったとあり、応神四十一年二月条に、天皇が明宮《あきらのみや》（奈良県橿原《かしはら》市大軽《おおがる》町）で崩御されたとあるが、分注に「大隅宮で亡くなった」と、異伝を残す。分注が正しければ、応神天皇は難波で後半生を過ごしていたことになる。

仁徳天皇は、難波に高津宮《たかつのみや》（大阪市中央区。のちの難波宮のあたりと思われる）を造り、仁徳朝を継承した履中《りちゅう》天皇と反正《はんぜい》天皇も、難波と河内に関わっていった。これほど河内にかかわりを持った王家はそれまでなく、だからこそ、一般に、河内王朝と呼ばれているのだ。

もちろん、彼らが造営した河内の巨大前方後円墳という「目から見た印象」も、強く影響していると思う（これは当然のことだ）。河内王朝の巨大墳墓は、大阪府羽曳野市、藤井寺市、堺市の古市《ふるいち》古墳群や百舌鳥《もずく》古墳群で、どれも山のような威容《いよう》を誇る。

また巨大な古墳を見上げれば、五世紀の天皇の巨大な富と権力を想像しがちだ。四世紀末から五世紀初頭にかけて、ヤマト朝廷の軍団は朝鮮半島に渡り、高句麗の騎馬軍団と戦火を交えていたことは、広開土王碑（好太王碑）に詳しく記されている。ヤマトの王の統率力の大きさを想像したくなる。

しかし、ヤマトの王は、そう単純ではない。遠征軍は「天皇の軍隊」ではなく、豪族層の寄せ集めであり、天皇が独裁権力を握っていたわけではない。

たとえば、五世紀前半に、吉備には天皇陵とほぼ匹敵するほどの大きな前方後円墳が出現している。半島遠征で力を発揮したのは海の民を支配する豪族たちで、その代表格が、吉備の王（首長・豪族）だったのだろう。天皇が織田信長のような権力者なら、吉備の巨大古墳を黙認するはずもなかった。

けれども、巨大な天皇陵が「権力の象徴」ではないとすると、何を目的に造られたのかという疑問が生まれる。それは、治水事業だったのではあるまいか。

治水工事に邁進した仁徳天皇

『日本書紀』仁徳十一年夏四月条には、次の記事が載る。五世紀前半のことと思われる。

天皇は群臣に詔《みことのり》した。

「今、この国を見れば、野や沢が広く、田や畑は少なく乏しい。また、河川は蛇行し、流れは滞っている。少しでも長雨が降れば、海水は逆流し、里は船に乗ったように浮かびあがり、道はドロドロになる。だから群臣たちも、この状態を見て、水路を掘って水の流れを造り、逆流を防ぎ田や家を守れ」

仁徳天皇の宮は難波の高津宮で、河内平野の状態を天皇は嘆き、問題を解決しようというのだ。

同年冬十月、宮の北側の野原を掘り、南の水をひいて西の海に流した。それで、この川を「堀江」と呼んだ（難波の堀江。大阪市中央区）。

この堀江は、上町台地を東西に突っ切る大工事だった。河内湖にたまった水を、直接瀬戸内海に流すショートカットを造ったのだ。ちなみに難波の堀江は、大坂城（あるいは難波宮）のすぐ北に接する大川（旧淀川）となって現存する。

この結果、水害が激減したにちがいない。

そして、堀江とセットになって造られたのが、茨田《まむた》の堤だ。話は続いている。

北の川の洪水を防ぐために茨田堤（大阪府門真《かどま》市）を築いた。この時、二か所に土地の亀裂があって、築いてもすぐに壊れた。すると天皇の夢枕に神が現れ、次のように教えた。

▲河内平野展望

「武蔵人《むさしのひと》強頸《こわくび》と河内人《かわちのひと》茨田連《まむたのむらじ》衫子《ころものこ》を水神に捧げ祀るなら、必ず塞ぐことができるだろう」

　そこでふたりを捜し出し、水神を祀った。強頸は哀しみ、泣いて、水に沈んで死んでいった。こうして堤は完成した。ただ茨田連衫子は、ヒサゴ（瓢《ひょう》箪《たん》）をふたつもって川に入った。ヒサゴを手に取り、水中に投げ入れ、請うていった。

「川の神は祟って私を幣《まい》（人身御供）としました。それでこうしてやってきました。必ず私を得ようというのでしたら、このヒサゴを沈めて、浮かばせないで下さい。すると私は、本当の神ということを知り、自ら水中に入ろうと思います。もし、ヒサゴを沈めることができないのなら、偽りの神ということが分かります。どうかいたずらに、我が身を滅ぼされませんように」

　すると突然、つむじ風が巻き起こり、ヒサゴを引いて水に沈めようとした。ところがヒサゴは、波の上を転がって沈まない。濁流に呑みこまれそうになりながらも、遠くに浮いて流れていった。茨田連衫子は死なず、堤も完成した。茨田連衫子は才覚で死を免れたのである。だから時の人は、二か所を特別に「強頸断間《こわくびのたえま》」「衫子断間《ころもこのたえま》」と名付けた。

河内湖の北側でも、水害が起きていたことが分かる。だから、必死に堤をつくったのだろう。

河内王朝は治水王

仁徳天皇の時代、河内周辺は、水害に苦しみ、普段も湿地帯や泥海だったのだ。それを、必死に改善しようとしていたことが分かる。そして、この事業と同時進行していたのが、巨大前方後円墳の造営なのだ。ならば、目的は、やはり治水事業と関わっていなかっただろうか。

これは余談だが、エジプトのピラミッドはなぜ造られたのか、永遠の謎とされてきた。ピラミッドは紀元前二六〇〇年ごろから約千年にわたって建設されてきた。大昔は墓と信じられてきたが、王の墓は別の場所に造られていたし、事実ピラミッドの中から被葬者（遺骸）がみつかっていない。

ならばと、神殿説、天体観測施設説、公共事業説などが飛び出したが、決定力に欠けた。そこで日本人の、しかもピラミッドの門外漢が、画期的なアイディアを提供している。

▲難波の堀江（大阪市中央区）

まず、視角デザイン学の高津道昭は、ピラミッドのほとんどがナイル川の西岸に、川に沿って造られていること、砂に埋もれたピラミッドも発見されていることから、「テトラポット」「霞堤（洪水の水を一度遊水池に誘導し、水が引いたら、川にもどす堤防）」と指摘した（『ピラミッドはなぜつくられたか』新潮選書）。この考えは、斬新で、かつ整合性がある。

河川技術の専門家で建設省出身の竹村公太郎は、高津道昭の考えをさらに発展させた。ナイル川の東岸には山岳地帯が連続しているが、西側にはリビア砂漠が続いている。だから、ひとたびナイル川が溢れると、砂漠に流れ込み、ナイル川の水は砂に吸われなくなってしまう。河口デルタの干拓にナイルの運んでくる土砂はどうしても必要で、エジプト人は、堤防を築くのではなく、「からみ（搦）工法」を用いたのではないか、というのである。

ナイル川の西側に、ピラミッドを一列に造ることによって、氾濫した土砂は、ピラミッド周辺に、「絡みつき、まとわりつく」。土砂がここに留まり、長い砂の堤防が伸びていくという寸法だ（『日本史の謎は「地形」で解ける　文明・文化篇』PHP文庫）。これまでに無い斬新な発想で、おそらく、正解だろう。

河内の巨大古墳群造営の目的も、治水事業を疑ってみたい。

今でこそ、古墳群は海からかけ離れた場所に位置するが、当時は河内湖がすぐ目の前まで迫っていたのだ。水害多発地帯であり、干拓する必要があっただろう。だから、難波の堀江が掘削《くっさく》されたのだ。

▲巨大な大仙陵古墳（仁徳天皇陵）。国土交通省 国土画像情報

森浩一は『巨大古墳の世紀』（岩波新書）の中で、河内の巨大古墳は、単独で存在したのではなく、水路でつながっていたといい、さらに周濠は、治水工事で獲得した技術や知識が土台にあったと指摘する。その上で巨大古墳の被葬者たちを「治水王」と呼び、次のように述べる。

河内の巨大古墳を出現せしめたひとつの遠因が、長年にわたる河内湖との戦いであったことは認めてよかろう。つまりピラミッドにたいするナイル河の役割が、巨大古墳では河内湖とその関連河川であった。

この指摘は、大きな意味を持っている。河内王朝は征服王朝だったという戦後史学界の掲げてきた常識を、根底から覆すからだ。使い物にならなかった河内湖周辺の湿地帯を、豊穣の大地に変身させたのだ。その目的を知って、民も嬉嬉《きき》として労役に就いただろう。そして天皇の権威づけだけが、前方後円墳造営の目的ではなかったことも、これで分かるのである。

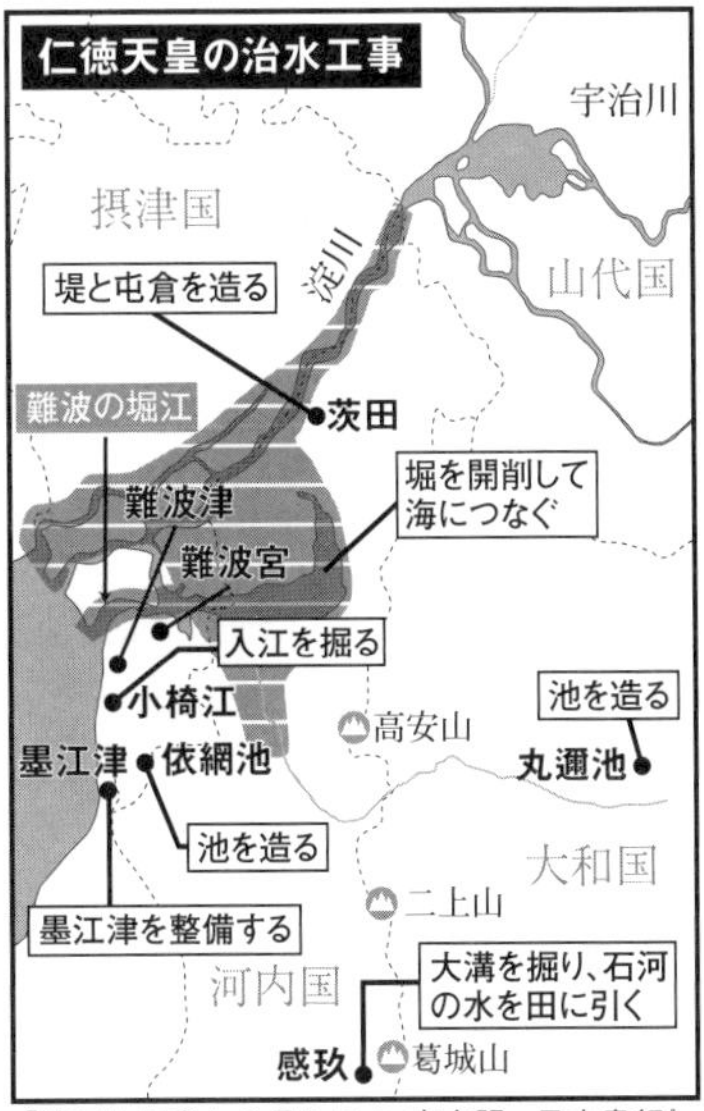

『地図と写真から見える！　古事記・日本書紀』
山本明：著（西東社、2015年）を参照

なぜ中大兄皇子は狭い場所に宮を建てたのか

大阪は古代から近世に至る、交通の要衝だった。ヤマトから瀬戸内海に抜けるだけではない。琵琶湖から瀬田川を下れば、宇治に出て、宇治から船に乗ったまま、大阪に出られたのだ。日本海から低い峠を越えれば琵琶湖につながっていたのだから、日本海→琵琶湖→宇治→大阪は、一本のラインで結ばれている。また、その逆ルートは、宇治から琵琶湖の標高差を考えると、船で遡上することはむずかしく、一度陸路を使い、逢坂経由の大津入りが活用された。

大阪と琵琶湖は、日本全体を見渡しても、重要な地位を占めていた。琵琶湖は日本海だけではなく、不破関（関ケ原）を東に進めば、陸路で東国に出られる。のちの時代の中仙道《なかせんどう》だ。琵琶湖は日本全体を見渡したときジャンクションだったことが分かる。近江から日本を代表する商人や大富豪が出現し、戦国武将が琵琶湖周辺を重視したのは、地形、地理、流通と戦略という視点からみれば、当然のことだったのだ。

織田信長は琵琶湖畔に安土城《あづちじょう》を構築している。今でこそ周囲は陸地になっているが、当初は水上に浮かぶかのような、湖に突き出た湿地帯の中の高台に築かれた城だったのだ。織田信長は琵琶湖の水運と防衛力に着目したわけである。

そういえば、「はじめに」で、なぜ中大兄皇子（天智天皇）は琵琶湖の西南岸の狭い土地に大津宮を造ったのか、と謎かけをしたまま、答えを出していなかった。ここで私見を交えて説明しておこう（蘇我氏が改革派だったという考えをベースにしている）。

中大兄皇子は蘇我氏が主導する政権内部で、日影の存在だった。むしろ、弟の大海人皇子《おおあまのみこ》が、蘇我氏期待の星だったのだ。乙巳の変の暗殺計画を練る場面で中大兄皇子と中臣鎌足は、「ひとりでも多くの味方を獲得しよう」と話し合いながら、なぜか一番身近な大海人皇子の名がで

▲琵琶湖（滋賀県）

▲琵琶湖・白鬚神社（滋賀県高島市）

てこなかったのは、このためだ。『日本書紀』の乙巳の変をめぐる記載の中で、大海人皇子がまったく姿を現さない。ひょっとすると、大海人皇子自身も、狙われていたのかもしれない。皇位に固執する中大兄皇子は、弟の立太子を阻止するために蘇我入鹿暗殺を強行したのだろう。

それはともかく、蘇我入鹿暗殺に成功したものの、政権転覆には至らなかった中大兄皇子らは、その後もゲリラ戦を展開し、孝徳朝の末期に、ようやく主導権を握ることとなった。ただし、中大兄皇子は親蘇我派の母（皇極）を擁立して（重祚《ちょうそ》して斉明天皇）、蘇我系豪族たちを黙らせた。

もちろん、斉明天皇自身も本意では無く、傀儡であることは明らかだった。その上で、中大兄皇子が何をしでかしたかというと、多くの人々が反対した百済救援だった。なぜ百済にこだわったかというと、中臣鎌足が親百済派（もう少し突っ込んでいうと、百済王家出身）だったからだ。斉明天皇以下、多くの女性が九州まで遠征軍に加わったのは、ヤマトに残った親蘇我派の面々を牽制する人質の意味が込められていた。しかし、白村江の戦い（六六三）に敗れて、中大兄皇子と中臣鎌足は、いよいよもってピンチに立たされる。

地形と地理から大津宮の意味は解ける

中大兄皇子は天智六年（六六七）に近江大津宮に遷都、翌年即位した（斉明天皇の崩御時に天智元年と記されるも、即位したわけではなかったのだ）。天智天皇の誕生である。

ここで、「なぜ中大兄皇子（天智天皇）は地の利の悪い大津宮を選んだのか」その謎が解けてくる。ヒントとなるのは、皇太子に選ばれたのが、弟の親蘇我派の大海人皇子だったことだ。なぜ天智天皇は、宿敵を抜擢したのだろう。それだけ天智天皇の器が大きかったのだろうか。

答えは簡単なことで、「天智天皇の人気が無かった」からだ。近江遷都の時、人々は不満を漏らし、各地で「水流れ（火事。放火だろう）」が絶えなかったという。白村江の敗戦ののち、唐と新羅連合軍の襲来におびえ、各地に山城を増築し、ようやく情勢が落ちついたと思った矢先の遷都だ。誰もが不満を爆発させたのだろう。もともと民衆も蘇我氏を支持していたのだろうから、天智天皇は孤立したにちがいない。だから、政権を運営維持するには、政敵（具体的には親蘇我派）と妥協するほか手はなかったのだ。そして、だからこそ、蘇我氏が推していた大海人皇子を、皇太子に据え、さらに蘇我系の豪族を重臣に取り立てたのだ。近江朝を、蘇我系豪族が席巻したのはこのためだ。

ただし、天智天皇と大海人皇子の仲は修復されなかったようで、とある宴席で大海人皇子は槍を床に突き刺し、激怒した天智天皇は、大海人皇子を殺そうとしたという（『藤氏家伝《とうしかでん》』）。

天智天皇の最晩年、病の床に臥《ふ》せった天智天皇は、大海人皇子を呼び寄せ、禅譲《ぜんじょう》の意思を伝えた。この時大海人皇子は、懇意にしていた蘇我系のある人物から、「言葉に用心なさいますように」と、忠告されていた。そこで即座に出家し、吉野に逃れたのだった。おそらく大海人皇子が首を縦に振れば、言いがかりをつけられ殺されていたのだろう。天智天皇の側に立って

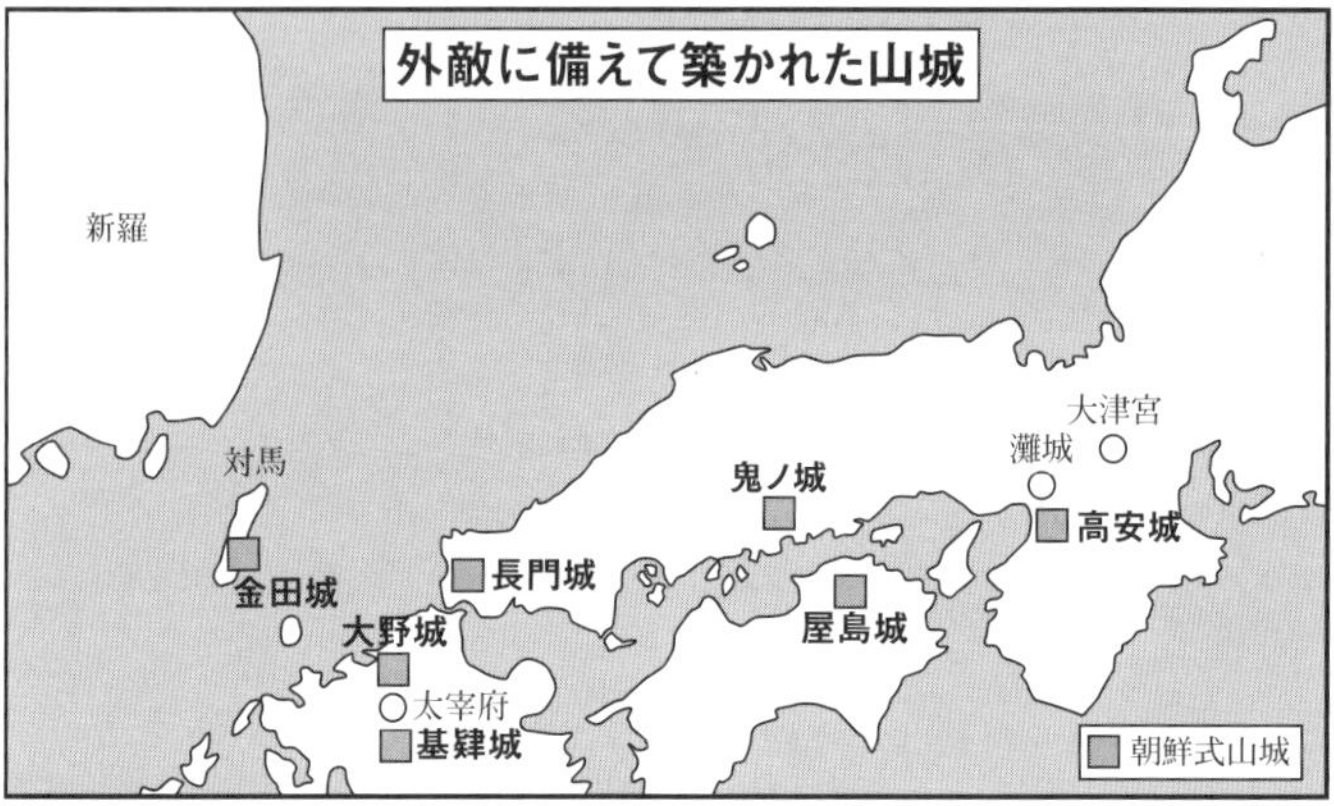

▲古代山城の一つという説がよく知られている鬼ノ城（岡山県総社市）

いる人間は「虎に羽根を着けて放ったようなものだ」と、臍《ほぞ》をかんだという。

こののち天智天皇は崩御。天智天皇の息子・大友皇子と吉野の大海人皇子はにらみ合いを続けるが、「隠棲しているのに、大友皇子が軍勢を集めている」と、声高に叫び、大海人皇子は東国に逃れ、一気呵成に近江朝を滅ぼしたのだ。最後の決戦の場は、瀬田川に渡された瀬田の唐橋《からはし》であった。

なぜ大海人皇子が裸一貫で東国に逃れ、乱を制したかといえば、蘇我氏も大海人皇子も、東国と強く結ばれていたからだ。詳述は避けるが、これは継体天皇から継承された、人脈である。

なぜ天智天皇は、大津宮を選んだのか、その答えは、すでに出ている。天智天皇は盤石な体制で遷都を仕掛けたのではない。蘇我氏と妥協し、蘇我氏と手を組まざるをえなかったのだ。だから、憎い大海人皇子を皇太子に立てた。しかし、天智天皇にすれ

▲瀬戸の唐橋（滋賀県大津市）

ば、逆転劇を狙っていただろうし、もし天智の代に適わなくとも、大友皇子が即位できるカラクリは、用意していたのではなかったか。

そして、もし仮に大海人皇子と大友皇子が対立し、戦端が開かれたら、大海人皇子は東の軍勢を率いて攻め上ってくるだろうと、予想はついていたのだろう。だから、瀬田川の西側に宮を建て、瀬田川を城の堀に見立て、東からやってくる軍勢を阻もうと目論んだにちがいない。「地理と地形」から、大津宮の謎は、はっきりと解けた。

藤原のための天皇・聖武天皇

大津宮の謎は解けたが、このころの政治の動きは、日本の地理と歴史を知る上で、避けて通れない場面なので、もう少し説明を加えておく。ただし、以下の記事は、筆者の仮説をもとに、話を進めていく。詳細は、他の拙著を参照していただきたい。

さて、七世紀後半から八世紀にいたる激動の時代は、登場する歴史のキーマンたちを「親蘇我派か反蘇我派か」の基準で峻別していくと、おおよその歴史の流れがつかめてくる。「反蘇我派」の中心勢力は、藤原氏だ。

近江朝を倒した親蘇我派の大海人皇子は都を飛鳥に戻し即位する。これが天武天皇で、蘇我氏の遺志を継承し、近江朝で頓挫していた改革事業を、ブルドーザーのように押し進める。独裁権力を握り皇族だけで政権を運営し、合議だけでは達成できない律令の整備を急いだのだ。豪族たちから土地と民を奪い、民に農地を平等に分配する作業だ。律令が完成すれば、かつてのように、有力者（貴族＝旧豪族）による合議制が復活する手はずになっていたのだ。

ところが、事業の半ばで天武天皇が崩御し、混乱が生じた。皇后の鸕野讃良《うののさらら》（のちの持統天皇）が、息子・草壁皇子《くさかべのみこ》の即位を願うあまりに、息子の最大のライバルである大津皇子（草壁皇子にとって異母弟）に濡れ衣を着せて殺してしまったのだ。鸕野讃良は親蘇我派の有力者たちに疎まれ、草壁皇子の即位の芽も摘み取られた。すると鸕野讃良は、あろうことか、中臣鎌足の子で壬申の乱ののち没落していた藤原不比等に近づき、謀略をめぐらせ、皇位をさらって行く……。

こののち、藤原氏は天皇家の外戚になるために、涙ぐましい努力を重ね（はたから見れば、我欲のために、なりふり構わぬ手段を駆使し、皇族でさえいうことを聞かなければ抹殺してしまうという、じつに恐ろしい存在であった）、持統天皇の孫の文武《もんむ》天皇（草壁皇子の子）と藤原不比等の娘の宮子《みやこ》の間に生まれた首皇子《おびとのみこ》を即位させる。これが、聖武《しょうむ》天皇だ。

聖武天皇の正妃になるのは藤原不比等の娘の光明子《こうみょうし》（母宮子の異母妹）で、聖武天皇は「藤原のための天皇」になるために育てられた。事実前半生の聖武天皇は、藤原氏の期待に応えた。ところが、ある時を境に聖武天皇は「反藤原の天皇」に豹変し、藤原氏と死闘を演じていくのだ。

ここが、日本の歴史の、大きな境目になっていく。

反藤原の天皇に化けた聖武

なぜ、藤原のための天皇になることを宿命づけられ、藤原の人脈に囲まれた聖武天皇が反藤原の天皇に化けたのか、なぜ周囲はこれを止めることができなかったのか、その事情に関しては、このあと、ふたたび考えてみたい。ここでは、聖武天皇がなぞの関東行幸を敢行したことについて、触れておきたい。

天平十二年（七四〇）十月、聖武天皇は九州で藤原広嗣《ふじわらのひろつぐ》の乱が起きている最中（実際には終結していたが、都に報告はまだ届いていなかった）関東行幸を断行する。

聖武天皇は、伊賀、伊勢、美濃、不破（関ケ原）、近江をめぐり、山背国《やましろのくに》の恭仁京《くにきょう》（京都府木津川市）に留まり、都を造り始める。その後、紫香楽宮《しがらきのみや》（滋賀県甲賀市）に移り、平城京に還都するのは、天平十七年（七四五）五月で、足かけ五年の彷徨である。

一般に、聖武天皇に対する評価は低く、この行幸も「わがままな王のご乱心」程度にしか考えられていない。酷評する学者の中には、「ノイローゼ」の烙印を捺《お》す者もいる。

しかし、聖武天皇は頭脳明晰。決断力のある名君であった。

まず、行幸ルートが、曾祖父・大海人皇子（天武天皇）の壬申の乱の足跡を辿っていて、そ

▲平城京（奈良県奈良市）

れはなぜかといえば、大海人皇子がそうだったように、反蘇我政権に反旗を翻したのだ。その意思表示であり、強烈なアピールなのだ。

「もし逆らうなら、もう一度壬申の乱を起こす」と、藤原氏を脅しているのだ。

問題は、「壬申の乱の足跡を訪ねた」のは確かにしても、なぜ恭仁京と紫香楽にこだわったのか、だ。恭仁京は、平城京の藤原氏と対峙する場所として、まだ理解できる。平城京は藤原氏が天下を支配するために造られた都だった。

普通都城《とじょう》は、北側の中央に王の宮殿が造られ、南側に左右対称に造られる。しかし平城京の場合、東の隅に、外京《げきょう》が付け足された。そこに藤原氏が拠点を構えたのだ。氏寺《うじでら》の興福寺や春日大社を建立している。この一帯は、高台になっていて、宮城を見下ろす場所にある。都で変事が起きれば、藤原氏はこの高台に逃げて応戦しただろう。平城京の一等地が外京であり、藤原氏はここを独占することで、誰が平城京の主なのかを、貴族と民に見せつけたのである。

聖武天皇は「平城京にいては、藤原氏に対抗できない」と踏んで、恭仁京を選んだのだろう。南側の木津川が、城の堀の役目をしてくれる。平城京からやってくる敵を防いでくれる。背後に丘陵地帯があるから、いざとなれば、落ち延びられる。

ならば、なぜもう一か所、辺鄙《へんぴ》な紫香楽を選んだのだろう。ここに、意外な地理の盲点が隠されていたのだ。

重要なジャンクションだった巨椋池

紫香楽は深い森に覆われている。かつて、この木材を切り出し川に流していたという記録がある。流れ着く先は琵琶湖だ。

琵琶湖に流れ着いた木材は、大津付近に集められ、ふたたび川に流したようだ。それが、瀬田川（宇治川）で、行き着く先は山背（山城）国の宇治である。

ＪＲ奈良線は京都を出て奈良に向かう途中、宇治の付近で不自然なコースを取る。左（東）に大きく迂回するのだ。まっすぐ進めば良いのに、伏見の南側で半円を描くようにして遠回りをしている。じつはここに昔、大きな湖沼が存在したのだ。それが、巨椋池《おぐらいけ》で、「池」と呼ばれていたが、豊臣秀吉が干拓事業を始める前の巨椋池は、ちょっとした湖といった方が正確である。

宇治川のすぐ近くに、現存日本最古の石碑がある。それが宇治橋断碑《うじばしだんぴ》で、七世紀に秦河勝《はたのかわかつ》が建立した橋寺《はしでら》（放生院、京都府宇治市宇治）に保存されている。大化二年（六四六）にヤマトの元興寺《がんこうじ》の僧・道登《どうとう》が、宇治川に橋をかけたという。この宇治橋は、瀬田の唐橋（大津市）、淀川の山崎橋（京都府八幡市と大山崎町）と並ぶ日本三古橋として名高い。それだけ、重要な、交通の要衝だったわけである。

ここに橋をかけたのは、東側が宇治川の急流で、西側が巨椋池だったからだ。古代の橋の架かっていた場所とそれほど離れていない場所を鉄道が通っていると思うと、なにやら感慨深い。

柿本人麻呂の巨椋池の歌が、『万葉集』に残されている。

巨椋《おほくら》の入江響《とよ》むなり射目人《いめひと》の伏見が田井《たゐ》に雁《かり》渡るらし（巻九―一六九九）

巨椋の入江が響めいている。伏見の田んぼに雁がやってきたのだ、と歌っている。湿地帯と湖沼と田んぼの広がる景色が目に浮かぶ。

あまり知られていないが、戦前まで、湖沼は存在したのだ。豊臣秀吉の時代に干拓事業がはじまり、徐々に小さくなっていった。伏見城造築に際し、水の流れが変えられ、池に流れ込む

▲宇治

▲宇治川

川もなくなってしまったのだ。逆に言えば、それ以前の巨椋池は、無尽蔵に流れ込む水を蓄え、たっぷりとした水面《みなも》をたたえていたのだろう。

幕末、坂本龍馬が伏見の船宿《ふなやど》寺田屋で襲撃を受けているが、なぜ「船宿」が伏見にあったのかというと、もともとは巨椋池が巨大な水上交通のジャンクションで、川の流れが変わったあと、伏見が港としての機能を果たすようになったからだろう。巨椋池、あるいは伏見から船を出せば、そのまま淀川を下り、大阪に出られる。いわば伏見は、幕末の「東海道本線・京都駅」のような役割をはたしていたわけだ。

巨椋池は琵琶湖から下ってきて、そのままどんどん下っていけば、大阪に出られた。それだけではない。三重県伊賀市から京都府と奈良県の県境付近を流れ下ってきた木津川も、巨椋池で合流する。すでに述べたように、巨椋池から少し木津川を遡れば、恭仁京に達し、さらに、なだらかな奈良阪を越えれば、平城京に出られる。巨椋池がいかに重要なジャンクションだった、よく分かっていただけたと思う。

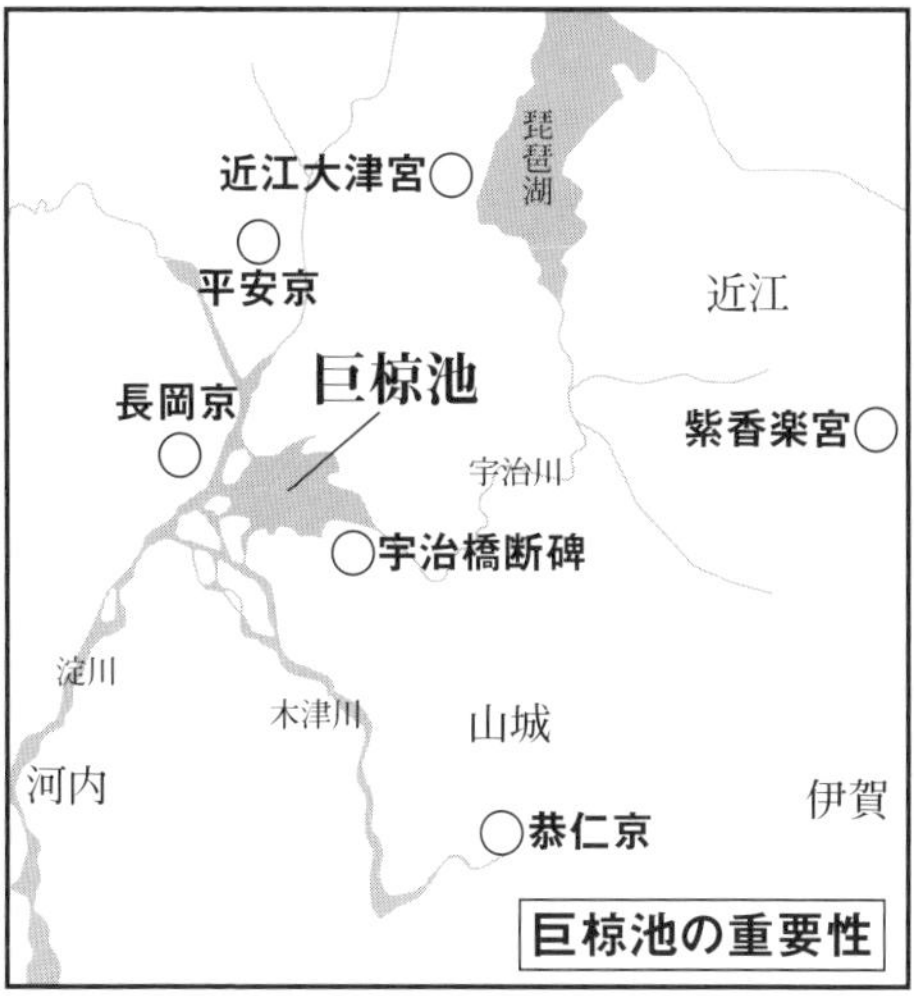

巨椋池の重要性

そして、なぜ聖武天皇が藤原氏に対抗するために恭仁京を選んだのか、その意味が分かってくるのである。

まず第一に、すでに触れた「平城京に対峙する」目的があった。第二に、水運の要・巨椋池が近かったことが挙げられる。紫香楽から前を流れる野洲川から木材を流せば、琵琶湖、宇治、巨椋池を経由し、木津川を伝って恭仁京にも資材が届く。まったく関係無いと思われてきた紫香楽と恭仁京が、聖武天皇の頭の中で、はっきりとつながっていたことが分かる。

聖武天皇は、藤原氏に対抗するために、関東（東国）行幸をして、態度を鮮明にした。そして、大海人皇子が東国と結ばれて壬申の乱を制したように、紫香楽に拠点を設け、いざとなれば東国の力を紫香楽に集め、さらに、水運を伝って恭仁京に財と人を集める算段をつけていたのだろう。

鍵を握っていたのが県犬養三千代

それにしても、なぜ聖武天皇は、藤原の血を引いていながら、反藤原派に転向したのだろう。地理と地形の古代史とは関係ないように見えて、この後大きな意味を持ってくるので、簡単に説明しておこう。

最大の理由は、光明子の母・県犬養三千代《あがたいぬかいみちよ》にあった。県犬養三千代は夫と子がありながら、

▲奈良県庁から観た東大寺

藤原不比等のもとに嫁いでいった。そして藤原不比等の希望通り、後宮《こうきゅう》を支配していくのである。県犬養三千代という存在がなければ、首皇子の立太子もむずかしかっただろう。そこで県犬養三千代は「やり手の女」とみなされているが、夫や子の命を守るために、藤原不比等にいやいや従っただけだ（拙著『東大寺の暗号』講談社）。藤原不比等に逆らえば夫の命はないと踏んだのだろう。

藤原不比等と県犬養三千代の間の娘が光明子で、一般にこの女性も「藤原の天下を築いた鉄の女」のイメージで語られるが、それは表向きの話であって、光明子は「藤原不比等の娘」を演じながら、仮面の下に「県犬養三千代の娘」という素顔が隠されていた。藤原氏全盛時代は、藤原氏のために働き、ひとたび藤原氏が没落すると、その正体を現した。夫・聖武天皇に、藤原氏がしでかしてきた悪行をすべて教え、聖武天皇に「天武天皇の子」の自覚を芽生え

▲藤原宮（奈良県橿原市）

させたのだろう。だから聖武天皇は、東国行幸を敢行したにちがいない。

この、聖武天皇と光明子の存在意義が分からなかったために、八世紀以降の歴史も、誤解されていたのだ。

藤原氏が最も恐れていたのは東国だった。政敵の蘇我氏が、東国と強く結ばれ、東海の雄族・尾張氏も、蘇我氏を後押ししていたからだ。それを、聖武天皇は分かっていたのだ。

藤原不比等は和銅三年（七一〇）に平城京を造営したが、この時旧豪族を代表する物部氏も追い落とし、ほぼ実権を握った。新益京《あらましのみやこ》（藤原宮）から平城京に移るとき、左大臣（今風にいえば総理大臣）石上（物部）麻呂を旧都の留守役にして捨て去ったのだ。

藤原不比等や藤原氏の手口は陰険で、藤原氏に楯突く者、いうことを聞かない者は、容赦なく葬り去った。だから、多くの人々は藤原氏を恨み、平城京に移ったのちも、「飛鳥にもどりたい」と言い続け、古き良き時代を偲んだ。

藤原氏（その中でも北家、摂関家）はこののち平安時代にかけて、「欠けることのない満月」と豪語するほどの力を得て、他者を圧倒する。また、「錐《きり》を突き刺す土地もない」と批判されるほど、日本各地の土地を私物化していった。本来律令の規定では、土地の私有は許されなかったが、律令の抜け道を利用して、藤原氏は私腹を肥やしていったのだ。

その間、彼らは都で変事が起きると、必ず東に向かう三つの関を閉めた。これが、三関固守だった。そして、謀反人が東国に逃れ、軍団を率いて戻ってくることを、阻止したのである。

この「東を恐れる西」という図式は、思わぬ副産物を産み出していく。それが、長岡京（京都府向日市、長岡京市、京都市にまたがる）と平安京遷都だ。西にはめっぽう強いヤマトは、もはや必要なくなったのだ。そして、東に対抗しうる都が求められた。こうして、京都の歴史が始まっていく。

地理と地形の裏側に、思わぬ歴史が埋もれていたのである。

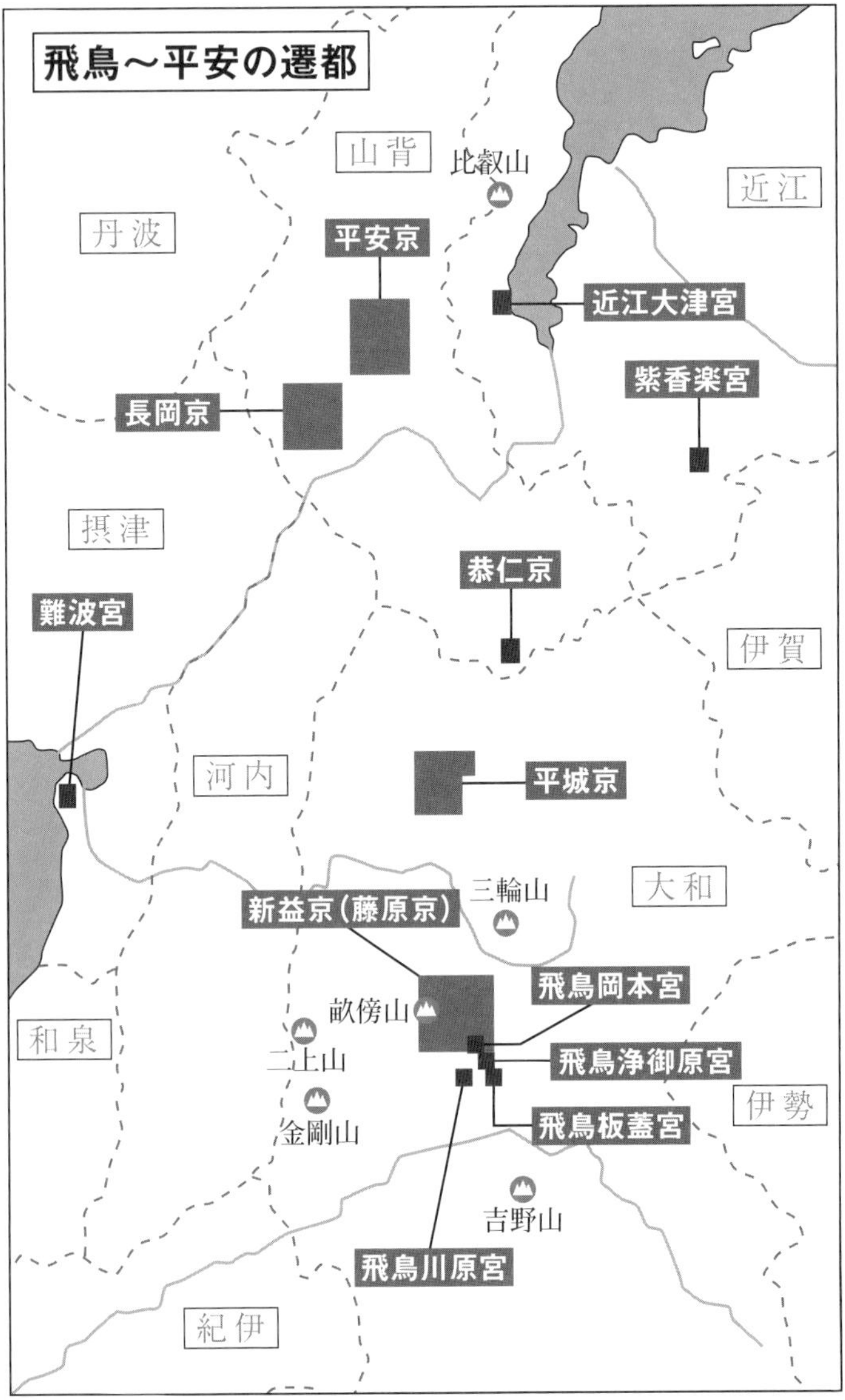
飛鳥～平安の遷都
山背
比叡山
近江
丹波
平安京
近江大津宮
紫香楽宮
長岡京
摂津
恭仁京
難波宮
伊賀
河内
平城京
三輪山
大和
新益京（藤原京）
飛鳥岡本宮
畝傍山
和泉
二上山
飛鳥浄御原宮
伊勢
金剛山
飛鳥板蓋宮
吉野山
飛鳥川原宮
紀伊

第五章

平安京と東

東の脅威に対抗するための平安京

日本の歴史を解く上で、「東と西」は、大切だ。東と西の交流と対立の中に、多くのヒントが隠されていたのだ。けれども、民俗学は、一時「文物は中央から外に」という発想に固執していた。

赤坂憲雄は日本民族学の基礎を築いた柳田國男《やなぎたくにお》を、痛烈に批判する。柳田國男は日本の多様な文化を、中央に興り、そこから同心円状に地方に普及したと位置づけ、さらに、稲作一元論的に封じこめようとしたというのだ。そこには「ひとつの日本」という歴史観が横たわっているという。

わたしたちの戦後は、「ひとつの日本」に向けての欲望に深く呪縛されてきた。「ひとつの日本」は東／西の裂け目を認めない（赤坂憲雄『東西／南北考』岩波新書）

まさにその通りなのだが、赤坂憲雄は、ただ単に、東西日本の文化の差が、日本の多様性によって生まれたということだけをいおうとしているのではない。民俗学者として、東北文化論の専門家として、東西だけではなく、南北の視点も必要ではないかと、一歩先を提唱しているのだ。

もっともなことだ。ただし、次の一節だけは、私見と異なる。長くなるが、引用する。

東西の方位に沿って伸びる眼差しと思考は、この列島の地政学的な無意識の呪縛のなかでは、支配と服属のパフォーマンスを避けがたく強いられる。先取りして言っておけば、西の支配／東の服属という対の構図は、歴史認識の底に横たわる岩盤に刻印された傷跡《トラウマ》のごときものである。

こう指摘し、これが「ひとつの日本」という発想につながっているというのだ。

くどいようだが、赤坂憲雄は、南北も忘れないでほしい、といいたいがために、西が東を蹂躙してきたと主張している。けれどもそれは、これまでの古代史の常識だっただけの話であって、実際の古代の東西日本の関係は、「常に西から東に文物が流れていたわけではない」のだし、「西が東を一方的に支配していたかというと、じつに疑問」といわざるを得ないのである。

もちろん、戦後の古代史学が間違っているのであって、悪いのは、このような常識を世間に広めてしまった古代史家の方なのだ。

そこで、最後に取りあげたいのは、山城《やましろ》（京都南部）と東国の因縁の関係についてである。

結論を先にいってしまえば、長い間日本の中心だった奈良盆地が捨てられ、山城（長岡京、平安京）に都が遷されたのは、淀川、巨椋池《おぐらいけ》、琵琶湖の水運を利用するのに便利だったこと、そしてもうひとつの大きな理由は、「東の脅威に対抗するため」だった。ここに、藤原氏の野望が見える……。

そこでまず話は、古代の山城に飛ぶ。ヤマト建国の直後、ヤマトと山城は、すでに主導権争いをしていたのだ。

南山城で頻発していた争乱

三世紀から四世紀にかけて、纏向遺跡が出現し、ヤマトは建国された。なぜヤマトなのかといえば、西の勢力を東が意識したからだ。北部九州の鉄器独占の野望をくじくために、タニハ、近江、尾張が、手を組み、ヤマトに進出し、慌てた吉備と出雲が、ヤマト建国の流れに乗ったのだ。だからヤマトはどちらかというと、「東側が造った都」だった。

ところが、ヤマト建国後の主導権争いで、瀬戸内海＋尾張VS.日本海という大きな枠組みが出来し、日本海側が敗れてしまった。

この間、争乱はヤマト周辺でも勃発していたようだ。山城南部で、たびたび反乱が起きていたのは、巨椋池をめぐる水運の利権争いだけではなく、瀬戸内海＋尾張VS.日本海の対立の図式を引きずっていたからだろう。その様子は、『日本書紀』が記録している。

崇神《すじん》十年九月というから、ヤマト建国直後のことだ。いわゆる四道将軍《しどうしょうぐん》を各地に遣わそうとしたときの話である。

北陸に遣わされた大彦命《おおひこのみこと》が和珥坂《わにのさか》（奈良県天理市）にいたると、ひとりの少女が次のように歌った。

御間城入彦《みまきいりびこ》はや　己《おの》が命《を》を　弑《し》せむと　窃《ぬす》まく知《し》らに　姫遊《ひめなそび》すも

御間城入彦は、崇神天皇のことで、殺されることも知らずに、呑気に若い女性と遊んでいるよ、というのである。

大彦命は怪しんで歌の意味を童女に尋ねたが「ただ歌っているだけです」というだけだった。

大彦命はあわてて引き返し、報告した。童女の歌の意味を解き明かしたのは、天皇の姑の倭《やまと》迹迹日百襲姫命《ととひももそひめのみこと》だった。彼女は聡明で、未来を予見する力があった。そしてこの歌が「怪」（不吉な前兆）であることを知って、次のように申し上げた。

「これは、武埴安彦命《たけはにやすひこのみこと》（第八代孝元《こうげん》天皇の皇子。崇神天皇の叔父）が謀反を起こするしにほかなりません。私が聞くところによれば、武埴安彦命の妻吾田媛《あがたひめ》が、密かにやってきて、天《あまの》香具山《かぐやま》（奈良県橿原市）の土を取り、領巾《ひれ》のはしに包んで『これはヤマトの物実《ものざね》』と呪いの言葉を吐き、帰って行ったそうです（天香具山の土を取ってヤマトを奪った最初の例は神武天皇）。早く対処しなければ、手遅れになるでしょう」

すると間もなく、武埴安彦と吾田媛が兵を挙げた。夫は山城から、妻は大坂（大阪）から攻めあがってきた。天皇は五十狭芹彦命《いさせりひこのみこと》を吾田媛のもとに遣わし、討たせた。吾田媛はこうして敗れて、殺された。大彦命と和珥臣《わにのおみ》の遠祖・彦国葺《ひこくにふく》を山城に遣わし、武埴安彦を討たせた。武埴安彦は、崇神天皇の異母兄弟だったが、母親の身分は低かった。そこで、四道将軍がいなくなった隙に、玉座を狙ったのだろう。

大彦命と彦国葺らは「忌瓮《いわいべ》（祭祀に用いる甕《かめ》）」を和珥坂に祭り、兵を進め、那羅《なら》山（現在の奈良坂付近）に軍を進め、さらに輪韓河《わからかわ》（現在の木津川）で対峙し、武埴安彦はここで戦死する、勢いを得た討伐軍は、川を渡り、賊軍を南山城で打ち破った。

これが、ヤマト黎明期の南山城で勃発した謀反事件だ。

狭穂姫の悲劇と背後の奇妙な人脈

第十一代垂仁《すいにん》天皇の時代に、佐保《さほ》（奈良市法華《ほっけ》寺町、法蓮《ほうれん》町）の狭穂彦王《さほひこのみこ》が謀反を起こしている。これは、山城の地とは直接関係ないが、人脈を通じて、山城と深くかかわってくるので、無視できない。

さて、垂仁四年の秋九月、皇后狭穂姫《さほひめ》の兄・狭穂彦王が謀反を企て、妹を誘い込もうとした。

「兄と夫のどっちが大切なのだ」

という狭穂彦王の言葉に躊躇する狭穂姫であったが、翌五年冬十月、眠っている天皇の前で、迷いに迷い、つい涙をこぼし涙が天皇の顔にしたたり、目を覚ました天皇は、「狭穂（佐保）の方角から雨が降ってくる夢をみた」と述べられ、狭穂姫が白状し、ことの経緯は発覚してしまった。

天皇は狭穂姫のせいではないと許すが、兵を挙げて狭穂彦王を討伐した。応戦する狭穂彦王は、稲を積んで城を造り（稲城）、抵抗した。防御が堅く、なかなか破ることができなかった。

狭穂姫はこの様子を見て、

「私は皇后であるけれども、このような形で兄を失っては、面目が立ちません」

そういって、皇子・誉津別命《ほむつわけのみこと》を抱いて、稲城に飛び込んでいってしまったのだ。

天皇は城の中に向かって説得するが、ふたりは出てこなかった。そこで火をかけると、狭穂姫が出てきて、

「この城に逃げ込んだのは、皇子と私がここにいれば、兄は許されると思ったからです。しかし、願いは叶わぬこと、私に罪があることを知りました。ですから、ここで死ぬだけです。けれども、帝の御恩は忘れません」

そういい残し、炎の中に帰っていった。城はくずれ、兵士たちは逃げまどい、狭穂彦王と狭穂姫は、滅亡した。

問題はこのあとだ。

『日本書紀』に狭穂姫が亡くなったあとの垂仁天皇の后妃の記述が残り、垂仁十五年春二月十日条に「丹波の五人の女性を召し入れた」とあり、その中から日葉酢《ひはす》媛命《ひめのみこと》が皇后に立てられたとある。さらに垂仁三十四年春三月条には、垂仁天皇が山背（山城）に行幸し、評判の美女を娶ったとある。

『古事記』によれば、狭穂彦王・狭穂姫は日子坐王《ひこいますのみこ》（彦坐王）の子だが、『日本書紀』はこの事実を記録していない。その理由は、日子坐王がタニハと結ばれていたからだろう。

『古事記』の崇神天皇の段に、四道将軍が各地に派遣されたとあり、日子坐王は旦波国《たにわのくに》（丹波）に遣わされたとある。『日本書紀』によれば、彦坐王の子の丹波道主命《たんばのみちぬしのみこと》が丹波に遣わされたとある。

この、「ヤマト建国黎明期に将軍が地方に派遣された」という話、まったくデタラメではないと思う。東に向かったふたりの将軍は、太平洋側と日本海側から東北南部に進み、福島県南部（会津若松市。ふたりが会ったから、「相津《あいづ》」の地名ができたという）で落ちあったという。早い段階の前方後円墳の北限は、ほぼこのあたりで、ヤマト建国時の様子を『日本書紀』編者がよく承知していて、その上で、「各地から多くの首長がヤマトの集まり、ヤマトを建国したのに、『日本書紀』の文面では、ヤマトから将軍たちが四方に散らばり、言向け和平したことにしてしまった」のだ。

たとえば、ヤマト建国の中心に立っていたのは吉備だが、吉備にも吉備津彦命《きびつひこのみこと》が派遣され、その末裔が吉備を支配するようになったとあるが、これはまったく逆で、吉備がヤマトに進出しヤマト建国の中心に立ったのだ。『日本書紀』はこの事実を裏返して示している。吉備津彦命は吉備に乗り込んだから「吉備」なのではなく、こちらも逆にちがいない。

そこで日子坐王を考えれば、『日本書紀』は逆のことをいっていることに気付かされる。ヤマト建国の直前から新たな潮流を「タニハ」が起こし、「タニハ」のプロデュースによってヤマトは立ち上がったのだった。とすれば、『日本書紀』や『古事記』のいうように、「ヤマトからタニハに将軍・日子坐王が派遣された」という話は、まったく逆で、タニハからヤマトにやってきたとみなすべきだ。

問題は、日子坐王がタニハ出身だとすれば、ヤマト建国黎明期に、「タニハの子、兄と妹」が謀反を企てたことで、ここにヤマト建国後の瀬戸内海と日本海の主導権争いが暗示されているように思えてならないのだ。

タニハの謎を解くのはヤタガラス

問題はそれだけではない。なぜタニハの謀反のあと、垂仁天皇はタニハ系の女人ばかりを選んだのだろう。

これには伏線があったと『日本書紀』はいう。狭穂姫が天皇に別れを告げたとき、後添えのことに言及していた

「私が（皇后として）司っていた後宮は、よき女性たちに授けて下さい。丹波国に五人の貞潔な女性がおります。彼女たちは、丹波道主命（彦坐王の子）の娘です。後宮の欠員を、彼女たちで補ってほしいのです」

この最後の要望を、垂仁天皇は聞き入れたのである。

どうにもよく分からない。タニハ系の彦坐王の人脈が謀反を起こし、その上で、次の后妃もタニハから、といっている。垂仁天皇の后妃は、こうしてタニハの女人で埋まっていく。ヤマト黎明期のヤマトで、いったいなにが起きていたのだろう。タニハ（＋山背）が、なぜ後宮を席巻できたのか。

ヒントを握っていたのは、意外な動物だ。神武東征で活躍した、頭八咫烏《やたがらす》である。

話は『日本書紀』の描くヤマト建国に遡る。初代神武天皇は日向《ひむか》（南部九州）を出立し、瀬戸内海側からヤマト入りを目指すも、生駒山に陣取る長髄彦《ながすねびこ》の抵抗に遭い、紀伊半島に向かい迂回作戦をとった。しかし、深い森に分け入ると、道に迷った。これを救ったのが、頭八咫烏だ。天照大神が道案内にと、遣わしたのだ。頭八咫烏らの助けを借りて、神武天皇はヤマト入りに成功する。

神武二年春二月に、論功行賞が行なわれ、頭八咫烏にも褒美が授けられた。この記事の中

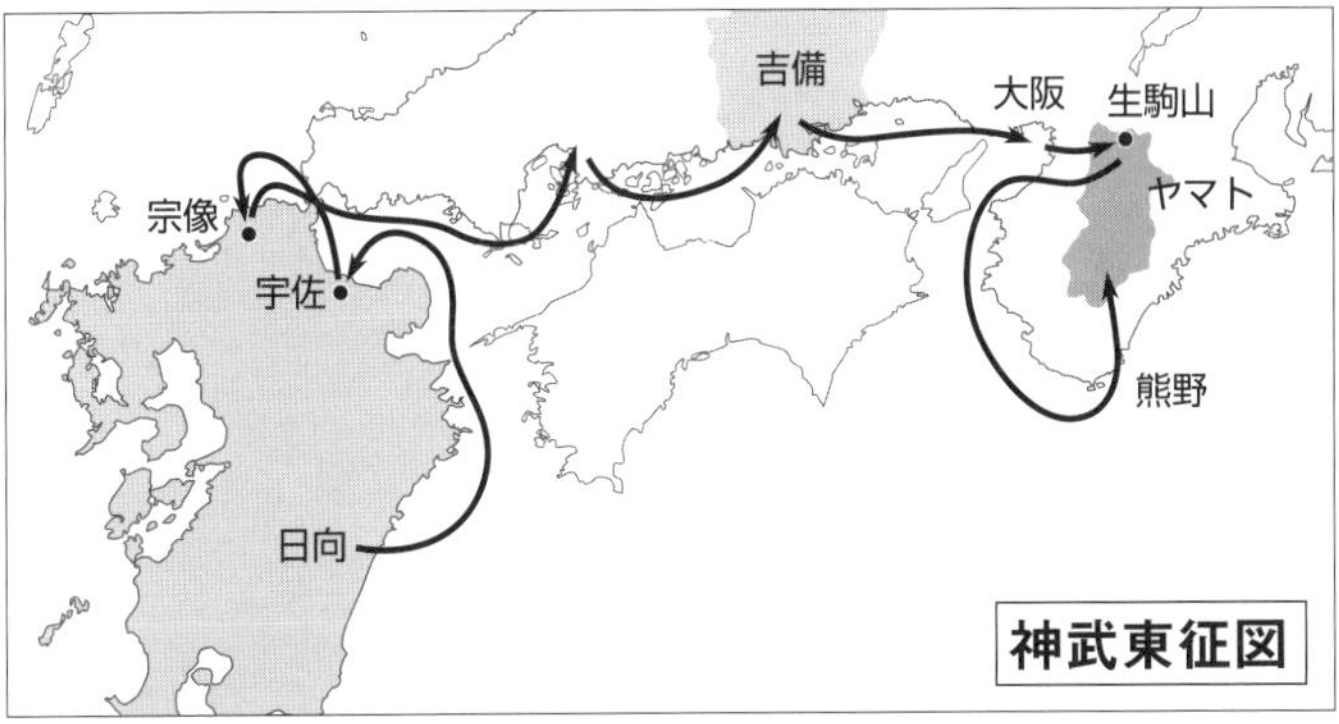

神武東征図

で、「末裔は葛野主殿県主部《かどのぬしとのもりあがたぬしら》」とある。葛野《かどの》とは、昔の葛野郡、愛宕《あたご》郡で、現在の京都市北区、右京区、西京区、左京区、東山区、北区の一帯だ。この葛野主殿県主部、何者だろう。

『新撰姓氏録《しんせんしょうじろく》』の山城神別《やましろしんべつ》に次のようにある。

神武天皇が中州《なかつくに》（ヤマト）に向かおうとした時、山が峻険《しゅんけん》で道に迷った。すると神魂命《かみむむびのみこと》の孫・鴨建津身命《かものたけつみのみこと》は大きなカラスとなり飛んできて神武天皇を導いた。神武天皇はその功績を称えて、褒賞を与えた。天八咫烏の名はここに始まった。そこで葛野県を賜った。成務《せいむ》天皇の時代に、鴨県主《かものあがたぬし》に任ぜられた……。

この『新撰姓氏録』の記述と『日本書紀』の記事から、祖が重なる葛野主殿県主部と賀茂（鴨）氏は同族だろうと、考えられている。賀茂氏は代々上賀茂《かみがも》神社、下鴨《しもがも》神社の神官を務めてきた名門豪族である。

▲上賀茂神社（京都市北区）

▲下鴨神社（京都市左京区）

タニハとつながる賀茂建角身命

『山城国風土記』逸文《いつぶん》（『釈日本紀』巻九）に、可茂《かも》（賀茂）の地名の由来が記されていて、その中で賀茂氏がどのようにしてこの地に定住するようになったのか、その説明がある。

日向の襲の高千穂峯に天降ってきた賀茂建角身命《かもたけつぬみのみこと》（『新撰姓氏録』に頭八咫烏）は神倭石余《かむやまといはれ》比古《ひこ》（神武天皇）を先導し、ヤマトの葛木山《かつらぎのやま》（葛城山）の峰に宿り、そこから少しずつ移動し、山代《やましろ》（山城）の国の岡田の賀茂（京都府木津川市加茂町。木津川の岸辺。木津川は、かつては鴨川と呼ばれていた）に至った。そのまま木津川を下り、葛野河（京都の桂川・葛野川）と賀茂河（賀茂川）との合流点にいたり、賀茂川の上流の方角を眺め、述べられた。

「狭くはあるが、石川の清流だ」

そこで、名付けて石川の瀬見《せみ》の小川という。この川を溯り、久我《こが》の国（賀茂川上流域の古い呼び名）の北の山基《やまもと》（上賀茂神社の西側。西賀茂の大宮の森。下鴨神社の旧社地。久我神社が鎮座）に鎮まった。その時から、名付けて「賀茂」と言う。賀茂建角身命は、丹波国の神野《かみの》の神（兵庫県丹波市氷上町御油の神野神社の祭神）伊可古夜日女《いかこやひめ》を娶り産まれた子の名が玉依日《たまよりひ》子《こ》と玉依日売《たまよりひめ》だった（以下省略）。

▲三輪からの葛城山

▲笠置山からみた木津川

この記事を信じれば、頭八咫烏は天孫降臨のとき九州に舞い下りていたことになる。また、神武東征後、最初はヤマトの葛城に、そして奈良県と京都府の境・木津川近辺に移り、そこから京都盆地の北側に、川を辿って向かったといっている。
『日本書紀』は、頭八咫烏が紀伊半島に現れ、神武天皇を導いてヤマトに向かったといっている。『新撰姓氏録』も加えれば、だんだん京都に向かって北上したことになる。しかし、本当にそうか……。
『山城国風土記』逸文には、賀茂建角身命は、丹波国の神野の神の娘を娶ったとあり、さらに『山城国風土記』逸文の、賀茂氏にまつわる三井社《みいのやしろ》の話が載っている（『釈日本紀』巻九）。

蓼倉《たてくら》の里、三身《みみ》の社《やしろ》。三身というのは、賀茂建角身命と丹波の伊可古夜日女、玉依日売の三柱がいらっしゃるからだ。だから、三身の社と名付けた。今は（訛って）三井の社と言っている。

ここでも、賀茂建角身命は「タニハ」とつながっていたことが語られている。この話、聞き捨てならない。

▲鴨川

▲嵐山の葛野大堰（かどのおおい）（京都市西京区）

つながっていた山城とタニハ

頭八咫烏の本当の出身地はどこだろう。天上界から舞い下りたという神話から類推するから、「頭八咫烏は南（紀伊半島）からヤマトをへて、山城に順番に北上していった」と、つい信じてしまう。しかし、もう少し慎重に考えてみたい。

神武東征はヤマト黎明期の混沌と主導権争いの結末を説話化したもので、そこに頭八咫烏が登場している意味は、けっして小さくない。そして、各地から集まってきた首長たちの中のひとりが、頭八咫烏だった可能性は高い。

ここで注目すべきは、賀茂建角身命の「婚姻関係」である。もちろん、「タニハの女性」を娶っているが、これは「タニハと婚姻関係を結んだ」のではなく、賀茂建角身命が「タニハからやってきた」からではなかったか。

「地理と地形」も、「タニハと山城」の強い結びつきを証明している。簡単なことだ。賀茂氏は京都盆地の北部に拠点を構えたが、タニハと山背《城》も、水運でつながっている。タニハから川を下れば、山城に出るのだ。それが、桂川で、渓谷を縫い、嵐山に出る。

嵐山からさらに川を下れば、巨椋池に出て、木津川を遡れば、賀茂氏のかつての拠点「山代（山城）の国の岡田の賀茂」に出る。つまり、「南から北」ではなく、実際には、タニハから嵐山経由で巨椋池に出て、さらに木津川を遡ったから、賀茂氏は京都府南部にも地盤を獲得していた、ということになる。

物部氏は吉備からやってきて、ヤマトの西側と河内をおさえたと指摘しておいた。それは、主導権争いが収まらない中、いざとなったら故郷に応援を頼み、故郷に逃げ帰るのが容易な場所だからである。

だとすれば、頭八咫烏（賀茂建角身命）も、タニハから桂川や琵琶湖を経由して山城に入り、ヤマトに生まれた新たな政権を盛り上げ、あるいは対立し、山城に強固な地盤を形成したのではなかったか。そして、近江の首長たちも、タニハに誘われて、逢坂を越えた山城に流れ込んだだろう。琵琶湖から荷を送り込むには瀬田川（宇治川）が重宝したが、逆は無理で、その点、巨椋池から山科、そして逢坂を越えるルートが大切になった。当然、山城南部を死守する必要があっただろう。

かつてのタニハ連合のつながりを考えれば、タニハ→播磨→河内→山城→近江→タニハの巨大な流通のサークルの構築（タニハ連合）は、むしろ自然な流れなのである。

ではなぜ、垂仁天皇は謀反を起こした「タニハ系の女人」の進言を受け、さらにタニハの女性を迎えいれたかという疑念に戻ってくる。やはり、地形と地政学で、この謎は解けるのではないかと思えてくる。

たしかにヤマトは国の中心に相応しい土地だったが、日本全土を視野に入れて流通を考える場合、河内、山城、近江のラインがもっとも大切で、そこを支配する「タニハ連合」と手

▲嵐山

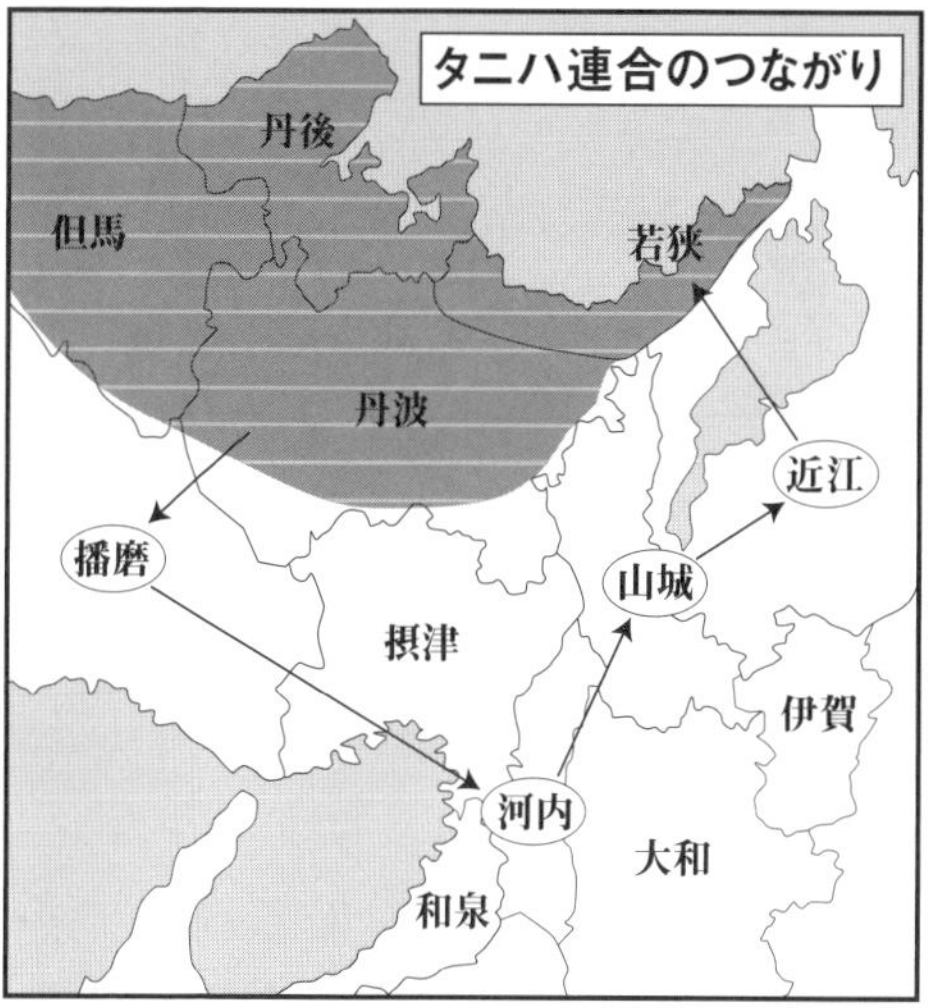

を組まなければ、政局運営はままならなかったからだろう。

ヤマト建国後の主導権争いをしたあとも、ヤマトは妥協を強いられたのだろう。

建御名方神伝承を支えたのは阿曇氏？

ヤマト建国後の政権側が日本海と妥協したもうひとつの理由は、「東とのつながり」を切りたくなかったからではあるまいか。

日本海は朝鮮半島との往来という視点で語られることが多いが、東と北に向かうルートでもある。日本海は北ルートで北東アジアにもつながっていた。すでに述べたように、縄文人たちは津軽海峡を苦もなく横断し、北海道からさらに北上し、大陸ともつながっていたのである。

これは不思議なことだが、船を利用して東国に向かう場合、古くは日本海ルートを活用していたようなのだ。おそらく、琵琶湖から峠を越え、若狭や敦賀から舟に乗り、越中、越後に向かい、信濃川を遡っていたようだ。

たとえば『古事記』の神話の中で出雲の国譲りに最後まで抵抗した建御名方神《たけみなかたのかみ》は、結局敗れて諏訪《すわ》（長野県諏訪市）に落ち延びるが、日本海から信濃《しなの》川に沿って、建御名方神伝承が残され、つながっている。建御名方神が実在したと信じる史学者はほとんど存在しないが、もし仮にそうであったとしても、建御名方神の伝承がルートを辿って残っているという事実は、無視できない。おそらく流通に関わる人たちが、建御名方神伝承を共有し、訪ね歩く先々で、語り継いでいったのだろう。

仮説が許されるなら、建御名方神伝承を最初に伝えたのは、阿曇《あずみ》氏だと思う。

長野県安曇野市に阿曇氏の穂高神社が鎮座することは述べておいたが、なぜ海の民が山奥深く入り込んだかというと、最大の理由は「巨木」を必要としたからだろう。丸木舟を作るための、まっすぐ伸びた樹木である。

神話の中で出雲建国の父・スサノヲは、「朝鮮半島には金の宝（鉄）があるが、日本には浮宝がなければいけない」と言っている。「浮宝《うくたから》」とは船や建築資材となる樹木を指している。そこでスサノヲは、日本に植樹をしていくのだ。

この発言はいろいろな意味が込められていて、冶金《やきん》技術が早くに発達した大陸や半島で森が消え、燃料が涸渇していたこと、日本の発展要因は「湿潤な気候と、成長が早い森林」にあると、スサノヲは見ていたのではあるまいか。また、阿曇氏ら海の民は、スサノヲと同じように植林をしただろう。

三世紀の阿曇氏は、当初ヤマトと反目していたが、神功皇后（台与）の軍門に降り、神功皇后と共に、ヤマトに敗れたのだろう。しかし彼らは北部九州の奴国出身の、名門中の名門で、蓄えていた莫大な富を考えれば、そう簡単に没落はしなかったのではなかったか。海の民として、各地にネットワークは張り巡らされていたから、仮に私見どおり神功皇后（台与）が敗れ、北部九州をヤマトに占領されたとしても、生き残る道はたくさん残っていたはずだ。

だから、建御名方神のような「出雲の国譲りに敗れて各地をさまよい、信州に落ち延び信州を開拓した」という姿は、どこか阿曇氏と重なって見えるのだ。

関東の発展と上毛野氏の活躍

五世紀半ば以降の関東地方が巨大前方後円墳の密集地帯になっていたことは、あまり知られていない。また、古代の関東で最も栄えていた地域が群馬県ということも、ほとんど知られていない。当然、群馬県には、巨大前方後円墳が密集している。

ただし、古墳時代前期前半の関東地方にまずもたらされた（あるいは関東の王が選択した）のは前方後方墳だった。那須と下野《しもつけ》西部（栃木県）と上野《こうずけ》（群馬県）に、まず現れた。上侍塚《かみさむらいづか》古墳（那須）や藤本観音山《ふじもとかんのんやま》古墳（下野）、前橋八幡山《まえばしはちまんやま》古墳（上野）が有名で、すべて一〇〇メートルを越えている。ただし、関東の前方後方墳には、三角縁神獣鏡《さんかくえんしんじゅうきょう》が埋納されていない。また、前方後方墳の密集地帯は、栃木県に形成された。

ところで、五世紀後半以降大化前代に至るまで、近畿地方以外の地域で、巨大古墳群を形成できたのは、関東平野だけなのだ（吉備も五世紀半ばに没落してしまう）。これまでの常識を当てはめれば、「東は野蛮で遅れていた」と考えてしまうが、ヤマト建国の恩恵をもっとも受け発展したのは、関東平野だったのだ。

そして、関東地方の中でもっとも大きな力を蓄えていたのは、群馬県なのだ。たとえば埴輪《はにわ》は、この地で独自の発展を遂げ、国宝に指定されるほどのレベルの高さを誇っている。

群馬県は、朝鮮半島に多くの軍団を提供した上毛野氏《かみつけの》の地盤であり、上毛野氏は、関東全体の王だったかのような扱いを受けている。群馬県太田市の太田天神山古墳《おおたてんじんやま》は、全長二一〇メートルで二重の濠をめぐらし、五世紀半ばの大王クラスの前方後円墳だ。また、なぜか上毛野の四世紀の古墳からは、三輪山山麓《みわやまさんろく》の古墳とよく似た埋納品が出土している。

『日本書紀』天武四年（六七五）正月の条に、「大倭国」「近江国」、そして「東国《あずまのくに》」が並記されている。本来なら、上毛野《かみつけの》、下毛野《しもつけの》、常陸《ひたち》、武蔵《むさし》、相模《さがみ》などの一つひとつあげるべきなのに、「東国」とひとくくりにしてしまっている。

『日本書紀』崇神四十八年条に、上毛野氏の始祖伝承が載り、崇神天皇は優劣つけがたいふたりの御子のひとりを皇太子に、もうひとりに東国の統治を委ねようと考えた。そこで夢占いをしてみたところ、上毛野氏の祖を、東国に遣わすことにしたという。ここには、「群馬県を支配するように」といった記載は無く、ただ東国を治めさせた、とある。やはりここでも、東国は大きな括りかたをされている。

ヤマト政権は、東国の発展を促し、朝鮮半島に出兵するための軍事力を東国から徴用したかったようなのだ。ヤマト政権は、首長、豪族層の集合体だから、政権独自の軍隊というものがなかった。遠征軍も、寄せ集めだったのだ。そこで、ヤマト政権の息のかかった東国の軍団を育成し、活用しようと考えたのだろう。上毛野氏が、ヤマト政権を代表する武人の家に成長する様子は、『日本書紀』を読めば分かる。

上毛野氏の祖は、たびたび『日本書紀』に登場し、朝鮮半島と関わりをもっている。神功皇

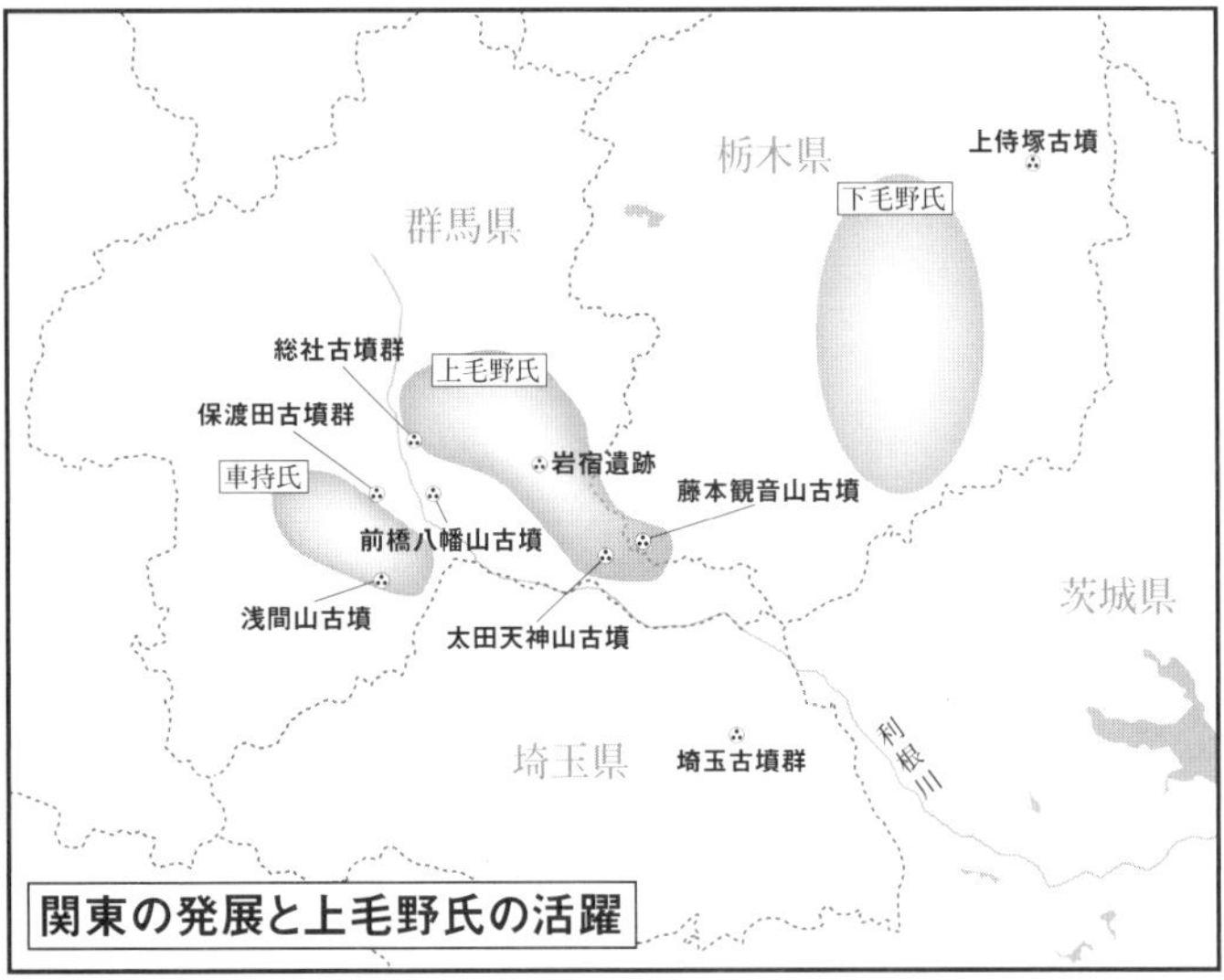

『一冊でわかる イラストでわかる 図解古代史』(成美堂出版、2013) を参照

▲保渡田古墳群の八幡塚古墳（群馬県高崎市）

后摂政紀四十九年春三月の条には、上毛野氏の祖ふたりが朝鮮半島に将軍として遣わされ、任《みま》那《な》経営の端緒を開いたと記録されている。また、仁徳五十三年に、新羅が朝貢してこなかったため、上毛野氏の祖を遣わし、新羅を討たせたとある。舒明《じょめい》九年（六三七）に、蝦夷征伐の将軍に任命された上毛野君形名《かたな》が蝦夷に敗れ、妻に次のようになじられている。

「あなたの先祖は、大海原を渡って海外《わたのくに》を平定し、その武威は、後世に伝えられました。その誇り高き先祖の名を、あなたが傷つければ、笑いものになります」

このように、上毛野氏といえば、朝鮮半島に派遣された代表的な将軍なのである。白村江《はくすきのえ》の戦い（六六三）でも、上毛野君稚子《わくご》が、先頭に立って奮戦している。

西の権威に弱い東

関東の軍事力が中央政府によって束ねられていく理由は、弥生時代から古墳時代のはじまりにかけて、西側から新しい技術が流れ込んだことに起因するだろう。

関東平野は広大で、穀倉地帯に見えるかもしれない。しかし、縄文海進《じょうもんかいしん》（地球全体の気温が高く、海水面が上昇していた）の最盛期には、低地は海の底で、埼玉県さいたま市の大宮氷川《おおみやひかわ》神社の手前、さらには栃木県南部まで、海が広がっていたのだ。縄文時代の貝塚が、内陸部深くでみつかるのは、そのためだ。海が後退しても、霞ヶ浦や周辺は、今よりも広大な湿地帯で、手がつけられない土地だった。東京の下町が災害に弱い理由のひとつは、太古の地理が原因だ。もっとも、利用価値のない湿地帯というのは農耕民の発想で、魚介類が豊富で、水上交通にはもってこいの場所だったわけである。

弥生時代の関東平野では、谷の湧き水を利用した水田が営まれ（予想外にちまちましていたわけだ）ていたが、台地を利用した畑作が中心だった。ちなみに、「旧田無《たなし》市（現西東京市）」の「田無」は、「このあたりには、水田なんぞない」から「田無」の地名になった（らしい）。少なくとも東京の西側の多摩地区は、台地上の畑作がメインだったことは間違いない。

ところが、ヤマト建国後の四世紀、北陸や東海、西日本の人々が続々と関東平野に入植した。これは、征服戦ではなかったようだ。彼らは先住の民の領域には踏み込まず、それまで開墾できなかった土地に進出し、水利の改良など、新技術によって灌漑《かんがい》事業に取り組み、新たな農地を切り開き、棲み分けを果たしていったのだ。こうして、関東の古墳時代は始まり、豊かな土地に変貌していったのだ。

東国に遣わそうとした皇族（上毛野氏の祖）が赴任途中で亡くなると、東国の民が嘆き悲しみ、遺骸を東国に持っていこうとしたという話が『日本書紀』に載るが、これは朝廷側のプロパガンダ記事ではなく、関東には「西からもたらされた技術と富」に対するあこがれを抱き、深く信頼するという土壌が、古墳時代を通じて育まれていたように思う。だから、兵役を課せられても、不満を漏らさず従順に従ったのだろう（のちの時代の「防人《さきもり》」の場合は、藤原政権に対する不信感が募っていく）。

平安時代、源氏や平家が東国に赴いただけで、それまでの争乱が嘘のように収まったのも、「西の権威に弱い」という関東の精神風土の表れなのかもしれない。

なぜ神奈川県に巨大前方後円墳が造営されなかったのか

ならばなぜ、関東平野の一番奥の群馬県が、古代関東の中心に立ったのだろう。ここに、関東の地理と地形が大きな意味を持ってくる。

弥生時代から古墳時代にかけて、文物は東海地方と信州からもたらされた。畿内の文物は日本海から信濃川を経由し、陸路で碓氷《うすい》峠を下って、群馬県にはるばるやってきたのだ。だから、群馬県は、関東と西を結ぶ、北側の玄関口となる。

そう考えると、ひとつ不思議でならないのは、東海から文物がやってきただろう神奈川県に、なぜ巨大古墳群が登場しなかったのか、ということだ。東京湾を挟んだ房総半島には、やはり巨大古墳群が存在する。ところが、神奈川県に、巨大古墳群は生まれなかった。これも謎なのだ。

謎を解くヒントを握っているのは、長野県だ。長野盆地に五世紀後半から無数の小規模な積石塚古墳が出現する。密集地帯は長野市松代周辺で、約九〇〇基の古墳が並んでいる。高句麗系、扶余《ふよ》族（騎馬民族）の墓の様式によく似ていて、ヤマト政権が馬を飼育するために、渡来

国土地理院・色別標高図を基に作成

系豪族をこの地に送り込んだようだ。正確には、ヤマト政権の中心に立っていた物部氏が、河内の渡来系豪族を、移住させた。「長野県」の「長野」も、元をたどっていくと河内の長野邑《むら》につながる（いわゆる河内長野とは少し離れている）。ここも、物部氏の支配下にあった土地だ。五世紀半ばに雄《ゆう》略《りゃく》天皇から、物部氏に下賜されている。

信濃国造は多《おお》氏系の金刺舎人《かなさしのとねり》らだったが、彼らを背後から操っていたのも、物部氏であり、五世紀後半以降、物部氏は積極的に信濃に進出していたのだ。牧で馬を飼育したかったのだろう。

物部氏が長野県を重視したことは間違いない。そして、信濃川という視点を考えたとき、尾張氏の存在も気になってくる。石見の物部神社の伝承にあったように、ヤマト建国ののち物部氏の祖の宇摩志麻治命《うましまじのみこと》は出雲の西隣に、尾張氏の祖の天香具山命は、越後の弥彦神社に楔を打ち込んだという。物部氏と尾張氏は、手を組んで日本海を封じこめたわけだが、逆に、日本海を彼らが利用するための布石も打っていたのだろう。弥彦山（新潟県西蒲原郡と長岡市）の山頂に立てば、日本海も信濃川も、どちらも一望のもとだ。

この「西側からの視点」で関東平野のどこを選ぶかというと、本能的に「碓氷峠から下ってすぐの群馬県」だっただろう。「いざという時ヤマトに応援を頼め、しかも守りやすく逃げやすい場所」だったからださらに、群馬県から（旧）利根川を下れば、武蔵国を経由して、東京湾に出られる。その先にあるのは、房総半島だ。

房総半島が巨大前方後円墳の密集地帯だったのは、太平洋から文物がもたらされたからではない。先進の文物が碓氷峠を越えて群馬県に流れ込み、さらに利根川を経由して房総半島に届けられたからだろう。

また、途中鬼怒川に移動すれば、その先にあるのは霞ヶ関で、太平洋側に香取《かとり》神社と鹿島《かしま》神社が鎮座する意味は、とてつもなく大きい。というのも、香取神宮の祭神は経津主神《ふつぬしのかみ》、鹿島神宮の祭神は武甕槌神《たけみかづちのみこと》で、物部系と尾張系の神が、ここに鎮座する。これは、日本海から信濃川を経由し、碓氷峠を経て、群馬に下り、利根川と鬼怒川の先にある物部氏と尾張氏の拠点が、香取神宮と鹿島神宮の水郷地帯だったということだろう。すなわち、弥彦神社から巨大河川を通じて、日本海と関東平野はつながっていたのだ。そして、この水運ルートからはずれる神奈川県には、巨大前方後円墳は造営されなかったのである。

▲碓氷峠

▲弥彦神社（新潟県西蒲原郡）

なぜ武蔵国府は利根川水系から多摩水系に移ったのか

ところでこれは余談だが、筆者は関東で生まれ育ち、二十代前半に一年だけ大阪で暮らした。関西で驚かされたのは、「地域ごと、県ごとに、異なる文化圏があって、お互いが意識し合っている」ということだ。たとえば大阪と京都の関係は微妙だし（あまり多くを語りたくない）、関西の私鉄ごとに、違う人間模様がくり広げられる（さらに気を遣ったこの言い方）。一方関東では、「何県の人間」、「あの地区の人間」という括りをほとんどしない。「あいつは埼玉だから」「おまえの性格悪いの、千葉だからだろ」などという会話は成り立たない。関東圏は寄せ集めだからだが、その一方で、広大な平野で、遮断物がないこと、文化の著しい差が他地域に比べて少なく、また、利根川や荒川、鬼怒川の河川や、霞ケ浦、印旛沼《いんばぬま》、手賀沼《てがぬま》周辺の湿地帯を利用した地域間の交流が盛んだったことが、均質な文化圏を生んだのだろう。

あえて文化の差があるとすれば、南関東と北関東ではなく、厳密にいうと、利根川を挟んだあちらとこちらかもしれない。ただ、くどいようだが関西ほど明確に分かれているわけではない。それはひとえに、平野が広かったことが影響し、また江戸時代以降、多くの人たちが、「しがらみのない土地」に移り住んできたからだろう。

もうひとつ、余談ながら付け足しておきたいのは、武蔵国の中心は、最初埼玉県行田《ぎょうだ》市だったのに、東京都府中市に移動したことだ。利根川水系から多摩川を見下ろす高台に移った。武蔵の権力闘争がひとつの原因とみられるが、もうひとつ大切なことは、「交通手段の変化」も大きな意味を持っていたのではなかったか。というのも、七世紀後半の天武天皇の時代に、日本列島を網の目のような巨大道路（駅路）のネットワークが作られ始めたからだ。総延長六三〇〇キロメートル、幅は最小で六メートル、最大で三〇メートルを越える。どこまでもまっすぐな、古代版ハイウェイだ。都と地方を結ぶ道路網で、誰が、なんのために造ったのか、まったく分からなかった。『日本書紀』が、何も記録していなかったからだ。

しかし、考古学作業の進展で、ようやくその実像がはっきりとしてきたのだ。天武天皇が事業をはじめたことも、分かってきた。

それにしても、なぜ『日本書紀』はこの国家プロジェクトを記録しなかったのだろう。天武天皇の業績を無視したのはなぜか……。もはや詳しく説明する必要もあるまい。天武天皇は親

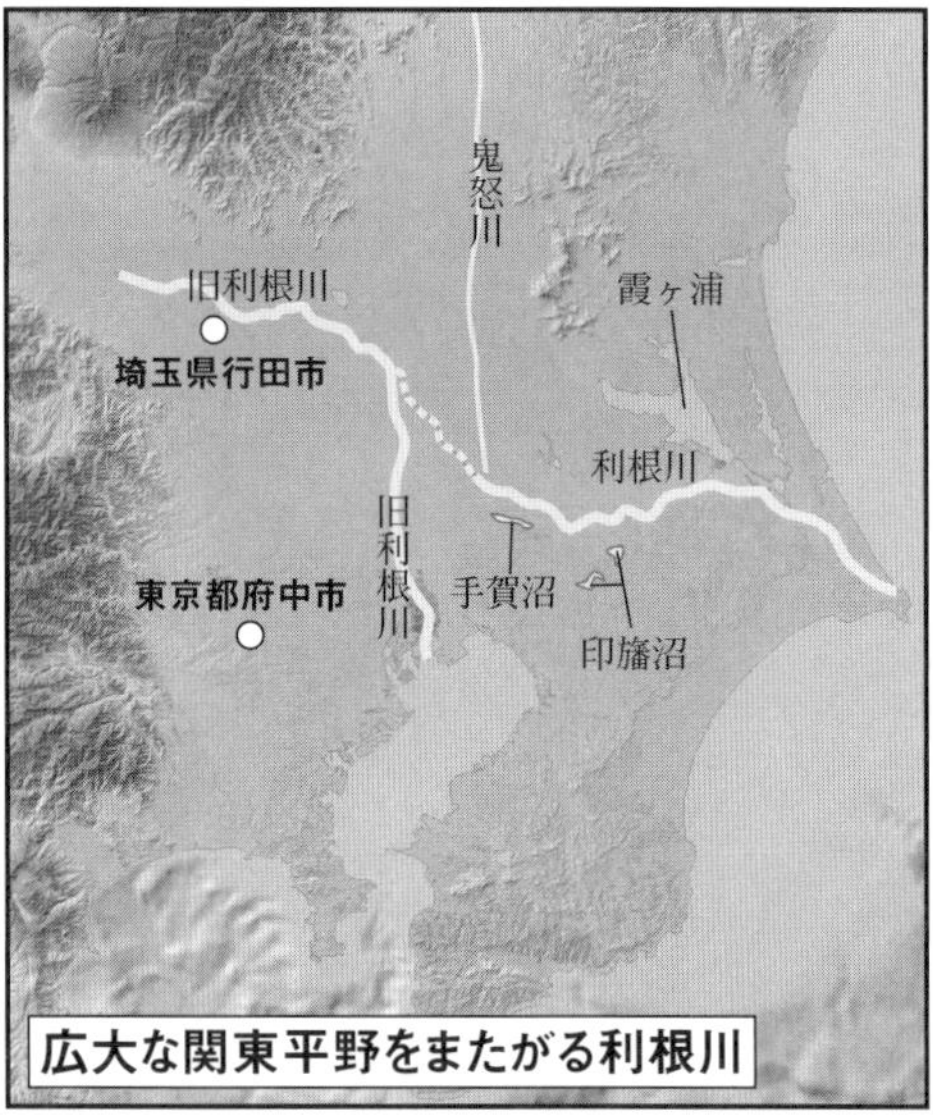

広大な関東平野をまたがる利根川

国土地理院・色別標高図を基に作成

蘇我派で、『日本書紀』編纂時の権力者藤原不比等は、蘇我氏と親蘇我派の天武天皇を憎んでいたからだ。

では巨大高速道路網建設の目的はどこにあったのだろう。

天武天皇は律令整備を急いだが、民は課せられた税を、直接都に持っていくという仕組みだった。日頃田畑を耕している農民に「船を漕げ」といっても無理な話で、それならば、都に通じる道路網の整備を急ぐべきだと考えたのだろう。

この巨大道路網は、もちろん関東にも作られたが、府中市（東京都）も通過していて、都から古代版東海道を伝い、相模国から関東内陸部（下野方面）に向かう途中、多摩川との結節点に府中市が位置していて、「水陸を使い分ける」新しい時代の交通の要衝になっていったのだと考えられる。

権力闘争に巻き込まれた奈良の仏教界

このような関東の重要性と地理が分かって、ようやく見えてくる歴史がある。たとえば八世紀末の平安遷都である。まず、ヤマトと山城の関係を整理しておこう。

ヤマトの政権にとって、河内のみならず、山城（山背）と近江は、経済と流通を考える上で、もっとも重要な地域だった。政権の生命線といっても過言ではなかったのだ。だからヤマト建国直後は、一帯を支配する「タニハ連合」と主導権争いを演じ、最終的に、「ヤマトの王がタニハの嫁をもらう」ことで、妥協したのではあるまいか。垂仁天皇の姻戚関係が異常で偏っているのはそのためだ。

これは、瀬戸内海と日本海の対立と無関係ではない。地政学的に言えば、山城をどちらが奪うかで、日本を二分する大動脈は、決定的なダメージを受けることもあったはずなのだ。けれども、黎明期のヤマトは、「祟られた」ことも手伝って、決定的な撲滅作戦は採らなかったと思われる。そして、祟り神を鎮めるために、神武が九州から招き寄せられ、実権を握らないが、祭祀に専念するという、独自の王権が生まれた。

ヤマト政権は妥協の産物で、前方後円墳という埋葬文化を共有するゆるやかな連合体だから、一度ヤマトに都ができれば、あとは河内を開発し、水害を減らせばよかったのだ。事実、農地や牧は日を追うごとに増え、順調に成長し、ヤマトに富をもたらし、政権は安定した。

こうして、八世紀末に至るまで、多くの天皇が都をヤマトに置いたのである。

ならばなぜ、奈良時代末になり、急に桓武天皇は都を山城に移そうと考え、大急ぎで遷都を敢行したのだろう。

理由はいくつもあると思う。かつては、腐敗した仏教界との訣別《けつべつ》などと唱えられていた。実際桓武天皇は、長岡京に仏寺は建てない予定だったのだ。それほど、仏教を嫌っていたのである。

しかし、政界が腐りきっていたから、仏教界が暴走した、という側面もあったはずだ。仏教寺院に集まっていた当時の知識人は、藤原政権に反発していたのではなかったか。たとえばせっかく唐から苦難を越えて来日した鑑真に対し、政権は意外な態度に出ていた。こちらが「戒律を授けてほしい（授戒）」と呼び寄せておきながら、藤原政権は冷ややかだった。鑑真来日は、藤原氏の政敵たちの手柄だったからだ。

藤原氏の氏寺興福寺の僧たちは「受戒など必要ない」とヘソを曲げ、鑑真いじめに走っている。授戒・受戒をして初めて正式に出家を認められるという「世界基準」を無視した藤原氏と興福寺に、他の仏僧たちは、憤っていたにちがいない。

要は、藤原氏と反藤原派の権力闘争の中で、たまたま仏教界も巻き込まれたということでしかない。七世紀前半の蘇我氏全盛期に仏教は日本で興隆したが、それをさらに「国を挙げて仏教を信奉する」という形に引き上げたのは、聖武天皇だった。聖武天皇は中臣（藤原）氏に都合の良いように変えられてしまった神道に代わる信仰形態を、親蘇我派の天皇として、仏教に求めたのだ。つまり、仏教界が腐敗したのではなく、藤原氏に支えられた桓武天皇が、「反骨の仏教」を、捨ててしまいたくなっただけなのである。

ついでまでにいっておくと、独身女帝・称徳《しょうとく》天皇（聖武天皇の娘）は懇ろになった怪僧・道鏡《どうきょう》を皇位につけようとしたが、道鏡は物部系だった可能性が高く、歴史を熟知していた称徳天皇は、藤原氏との戦いの中で、「物部系の王なら、ヤマト建国直前のニギハヤヒと同じではないか」と、開き直っていたのかもしれない。

桓武天皇は東を恐れていた?

桓武天皇が平城京を捨てたもうひとつの理由は、やはり瀬戸内海→河内→巨椋池→近江→日本海と抜ける流通ルートを運用するためには、ヤマトよりも、山城の方が便利だったからだろう。ただし、桓武天皇は、突き動かされるように、遷都を急いでいる。ここに、大きな謎が隠されていたのだ。

桓武天皇の懸念材料は、「東」ではなかったか。ヤマトは西には強いが、東に対する防衛は不得手だ。だから、山城を選んだのではなかろうか。

すでに述べたように、藤原氏が倒した蘇我氏や物部氏は、東国と強く結ばれていたのだ。大海人皇子が東国に逃れただけで壬申の乱を制してしまったのは、東国が蘇我氏を後押しし、蘇我氏が大海人皇子を守っていたからだ。そして、八世紀初頭、藤原氏は蘇我氏や物部氏を倒すことで実権を握ったのだ。藤原政権にとってもっとも恐ろしいのは、藤原氏を憎んでいたであろう東の人々である。

継体天皇が東側から、東国の後押しを受けてヤマトに乗り込んだのに、後の政権が「天皇家の故地を恐れた」のは、藤原氏が継体天皇を後押ししていた取り巻きたちの末裔を卑怯な手口で葬り去り、多くの恨みを買っていたからだ。藤原氏だけが栄える世の中を、誰もが許せなかったのだ。だから、東国の軍団が攻めてくることを、藤原政権は恐れたのである。

もっとも、山城（平安京）が、東に対して鉄壁だったかというと、やや不安が残る。木曽義《きそよし》仲《なか》ら、東国の軍勢を阻止したためしがないからだ。戦争になれば、平安京を守り通すことはむずかしかったようにもみえる。

しかし、瀬田川や逢坂、比叡山、音羽山など、滋賀県と京都府の県境付近は、守りやすい地形になっている。少なくとも、東に対する守りの強さは、ヤマトと比較にならない。

なぜ八世紀に東北蝦夷征討は本格化したのか

意外かもしれないが、藤原氏が権力を握るまで、ヤマトの政権と東北の蝦夷は、うまく共存していたのだ。

蘇我氏全盛期の七世紀半ば、蝦夷は都（飛鳥）にやってきて歓待を受けていた。天武十一年（六八二）には、越の蝦夷の俘人《とりこ》（俘囚《ふしゅう》。恭順してきた蝦夷）が七十戸で郡を建てたいと申し出て、朝廷はこれを許した。蝦夷の自治区が生まれていた。

文武元年（六九七）と翌年に、陸奥の蝦夷が方物（その土地の産物）を献上し、朝廷も物を賜っている。ここまでは、まったく対立の兆しさえ見えない。

ところが、平城京遷都の前年の和銅二年（七〇九）に、奇妙な記事が『続日本紀《しょくにほんぎ》』に載る。

「陸奥と越後の二国の蝦夷に野心があり、なかなか靡いてこない。また、しばしば良民を害している」

蝦夷に不穏な動きがあるということで（ほとんど言いがかりだが）朝廷はさっそく、ふたりの将軍をふたつの方向から東北に向かわせた。しかし、こののち、蝦夷征討は、長引く上に、成果が上がらなかった。

和銅五年（七一二）九月二十三日には、次の太政官議奏があった。

「北の蝦狄《かてき》は、遠く峻険な地形を利用して、狂心をほしいままにし、しばしば辺境を侵している。官軍は雷のように撃つが、凶賊は霧のように消えていなくなってしまう」

と、蝦夷のゲリラ戦にてこずっている様子がみてとれる。

東北を旅してみれば分かる。東北には深い山と谷を覆う大森林が残されている。この大自然の地の利を用いれば、朝廷の大軍も、容易に攻めることはできなかったのである。

東北で何が起こっていたのだろう。なぜ、それまでの良好な関係が、反転してしまったのだろう。大宝律令《たいほうりつりょう》（七〇一）が完成し、律令制度に移行する中、東北蝦夷たちをもこの新たな制度の中に組みこもうとして、反発が起きた……。この推理が、「制度史的」には、有効なのかもしれない。しかし、律令整備が終わり、それまで「律令を作るための役人」の振りをしていた藤原不比等が、急速に力をつけはじめた段階で東北蝦夷征討が開始されていた事実を無視できない。

藤原氏は蘇我氏や物部氏ら、かつての政敵が東国とつながっていて、これが怖かったのだ。

そこで東国の軍団を東北にさし向け、夷をもって夷を制す策に出たのである。

東北蝦夷征討がなかなか進捗しなかったのは、本来戦う必要のない東北と東国の民が、無理矢理対峙させられたからだ。しかも、両者が疲弊するのを藤原氏が高みの見物をして高笑いしているとなれば、遠征軍でさえ、戦う意欲を失っただろう。

呰麻呂の乱の不思議

東北征討の際中に、面白い事件が起きている。宝亀十一年（七八〇）三月二十二日に勃発した、呰麻呂《あざまろ》の乱（宝亀の乱）である。

『続日本紀』に、事件の詳細が記録されている。

陸奥国上《むつのくにかみ》（伊《これ》）治郡《はりのこおり》の大領・伊治呰麻呂《これはりあざまろ》が背いた。徒衆を率い、按察使・紀広純《きのひろすみ》を殺した。

伊治呰麻呂は、もともと夷俘《いふ》（同化の残り蝦夷）の出身で、はじめ、恨みを隠して媚びたという。紀広純はなにも疑うことなく、重用した。また、牡鹿《おしか》郡の大領《たいりょう》道嶋大盾《みちしまのおおたて》は常日頃呰麻呂を侮り、夷俘であることで差別した。呰麻呂は、深く恨んだ。

時に紀広住《きのひろとど》は、覚鱉柵《かくべつのき》を造り、俘軍《ふぐん》を率いて入るとき、道嶋大盾と伊治呰麻呂は、ともに従った。このとき、呰麻呂は俘軍に下知し、反乱を起こした。まず、道嶋大盾を殺し、紀広純を囲

▲多賀城（宮城県多賀城市）

み、攻め殺した。ただ、大伴真綱《おおとものまつな》（陸奥介）だけは囲みを解いて助け、多賀城《たがじょう》に護送したという。

多賀城を守ろうと、人々が競って城の中に入ったが、大伴真綱と石川浄足《いしかわのきよたり》は、城の背後から逃げてしまったので、人々も散り散りになって去ると、賊は数日留まり、略奪した上で火をかけ、多賀城は炎上した。

これを受けて、朝廷は、中納言・藤原継縄《つぐただ》を征討大使に任命し、多賀城に急行させた……。


ここで無視できないのは、ふたりの人物が殺されずに逃げたことだ。ひとりが大伴氏、そしてもうひとりが、石川氏である。

大伴氏は不思議な一族で、『日本書紀』に従えば、神武東征時に九州から付き従ってきた名門豪族だが、同族の佐伯《さえき》氏とともに、なぜか蝦夷と強く結ばれていたのだ。

また、藤原氏が台頭する過程で、多くの旧豪族が没落していく中、「反藤原派の豪族」として、最後まで踏ん張ったのが、大伴（伴）氏だった。東北蝦夷征討に、たびたび大伴氏が引きずり出されたのは、おそらく「夷をもって夷を制す」という方針そのものが、大伴氏にあてはまったからだろう。つまり、東国や東北蝦夷と強く結ばれ、それでいて密かに藤原を憎んでいた大伴氏だからこそ、藤原氏は大伴氏を試し、弱体化させるために、盛んに東北に向かわされたのだ。

そして、もうひとりの「石川氏」は蘇我氏のことで、大伴氏とは東国と蝦夷とつながっていた。藤原氏の仇敵だったという共通点を持っている。その、「藤原氏最大の敵、ふたり」を、皆麻呂が許していることは、無視できない。

大伴氏も石川氏も、本気で蝦夷と戦うつもりがなかったのだろう。それを皆麻呂も承知していただろう。

東西ふたつの不思議な歴史

六世紀初頭、越から継体天皇がヤマトに乗り込んできた。継体天皇は東の勢力に後押しされて、ヤマトの王に立ったのだ。しかし、八世紀の朝廷を牛耳った藤原氏は、蘇我氏や親蘇我派の皇族を徹底的に叩き潰したがために、東の勢力に深く恨まれた。だから、もしふたたび東国が立ち上がり、壬申の乱と似た事件が起きれば、藤原氏でさえ、生き残ることはできなかっただろう。だからこそ、藤原氏は東国の力を削ぎ、東北に軍団をさし向けたにちがいないのだ。

縄文時代どころか旧石器時代から継承されてきた東西日本の温度差は、八世紀にいたり、より顕著になったかのようだ。藤原氏の権力欲のために、敵と味方に分かれて、反目するようになったのである。

東西の植生の差と東西日本を分断する関ヶ原や濃尾平野の大河川群、そして敦賀から福井にいたる峠が、日本をふたつに分けてきたのだと思う。だから東西ふたつの日本の歴史を無視することはできない。

そして、坂上田村麻呂の活躍と延暦二十一年（八〇二）の阿弖流爲《あてるい》の恭順によって、ほぼ蝦夷征討は、終結した。

やがて平安時代も後半になると、武士が都で勢力を伸ばし、藤原貴族社会も次第に疲弊していく。その過程で、東北でも変化が起きていた。いわゆる奥州藤原三代が、平泉（岩手県西磐井郡平泉町）で独自の文化を形成するのだ。

ここで最後の「不思議な地理」を紹介しておこう。東北の平泉《ひらいずみ》を流れる小川の話だ。

平泉の主・奥州藤原氏は、もちろん藤原氏の末裔だが、実体は東北蝦夷だった。

奥州藤原氏の祖・藤原清衡《きよひら》の父・藤原経清《つねきよ》は、もともと坂東武士（秀郷《ひでさと》流の藤原氏）だが、藤原清衡の母は、奥六郡の俘囚長《ふしゅうちょう》・安倍氏の出だ。そして清衡は、俘囚の世界で育てられた。安倍氏は朝廷に代わって俘囚を支配していた。藤原秀衡の母も、安倍の女性で、「藤原」は東北の地に婿入りして、蝦夷の土地で、蝦夷とともに育った。

奥州藤原氏は「藤原」を名乗っていたが、それは方便で、たとえば藤原清衡は、中尊寺落慶《らっけい》供養願文に、「東夷《とうい》の遠酋《おんしゅう》」「俘囚《ふしゅう》の上頭《じょうとう》」と記し、蝦夷を自称し、蝦夷であることを誇っている。

これに対し都では、奥州藤原氏を蔑視していた。藤原頼長《よりなが》は基衡《もとひら》を「匈奴《きょうど》(『台記』)」と呼び、九条兼実は秀衡を「夷狄《いてき》(『玉葉』)」と蔑んだのである。

東北にもあったルビコン川

ちなみに、奈良時代から平安時代にかけて藤原氏が植え付けた「蝦夷蔑視」の風潮は、近代に至っても、継承されていたようだ。戊辰《ぼしん》戦争で新政府軍は、東北地方を指して、「白河以北一山百文」「白河以北一東三文」と、馬鹿にしていた。

しかし、東北の風土、文化、歴史を軽視することはできない。たとえば奥州藤原氏の祖・藤原清衡が東北に築こうとしたのは、この世の極楽浄土であり、中尊寺《ちゅうそんじ》を訪ねれば、その意味が分かってくる。

藤原氏は末法の世に、「せめてわれわれだけでもあの世に導かれたい」と請い願い、豪奢な寺院を建立した。一方奥州藤原氏も、都の仏師や工人を招き、平安京の貴族と同じような豪奢な中尊寺を建立したが、中尊寺の美しさは、平安京の仏教美術を凌駕してしまっている。

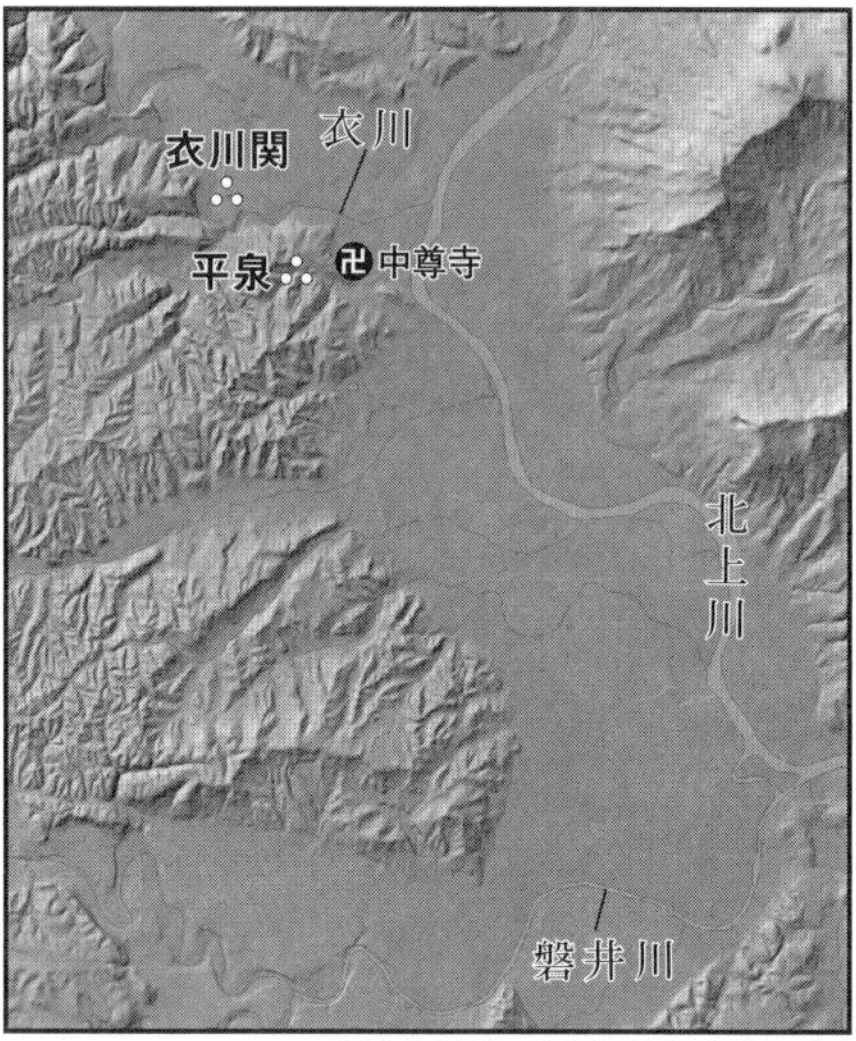

国土地理院・色別標高図を基に作成

中尊寺の仏教美術が平安京の諸寺の二番煎じでありながら、けっして引けを取らず、それどころか数倍輝いて見えるのは、なぜだろう。都から招かれた仏師たちは、「どうせ東北の金や馬、鉄で儲けた成り上がりが、財力に任せて造らせようというのだろう」と、高をくくっていただろう。しかし、東北各地に一町ごとに笠卒《かさそ》塔婆《とば》を建て、民を中尊寺に導いたように、貧しい者、病める者、すべての人を極楽浄土に導きたいという藤原清衡の真心に触れ、都の貴族どもの我欲の強さに閉口していた仏師たちは、感動し、心を込めて仏像を創り上げていったのだろう。

なぜ、地理で読み解く古代史なのに、中尊寺の話をしたかというと、この本の最後に、「日本のルビコン川」の話をしておきたかったからだ。

平泉は南の磐井川《いわいかわ》、東の北上川《きたかみがわ》、北の衣川《ころもがわ》に囲まれた防衛上の拠点で、また、衣川から北側が、蝦夷の盤踞《ばんきょ》する野蛮な土地とみなされていたのだ。衣川柵と衣川関が衣川の南側に設けられていた。衣川関は、衣川の南の淵に築かれ、川にせり出す断崖上に、蝦夷をはね返すかのよ

▲衣川

うな地形に造られていた。ここから北側の蝦夷の情勢を見張ることができたのだ。中尊寺は衣川の南側の高台（関山）に位置していて、もともとは朝廷側に奪われた要衝だったのだ。
　藤原清衡の父親の時代から、奥州藤原氏は、安倍氏と手を組み、朝廷から派遣される軍団と戦ってきたが、藤原清衡は、朝廷と蝦夷の世界を分断する象徴でもあった衣川を渡ることで、奥州の覇者となり、また軍事上の要衝である関山に、奥州の平和を願う中尊寺を建て、新しい時代を築こうとしたのだろう。
　藤原清衡にとって衣川はローマ帝国のはじまりを告げる「ルビコン川」と同じであった。まさに、川幅は狭いが、その一歩を踏み出した勇気、感動を、この川の流れの中に、みる思いがするのである。
　中尊寺を訪ね、感動する人は多いが、衣川まで足を伸ばす人は、少ない。地理と歴史を知れば、こういう小さな川にも、感動を味わうことができるのである。

おわりに

本当の歴史を知りたいのなら、まず現地に立ってみることだ。本や史料ばかり見ていても、真実は見えてこない。

地形や地理を目に焼き付けるだけではない。ヒントはどこに隠されているか分からないものだ。土地の匂い、風、空、人々の言葉……。なにもかもが新鮮で、いろいろなイメージが浮かび上がってくる。知識だけでは分からなかった臨場感に満ちている。

初めての土地にたたずめば、予想外の事態に驚くこともある。

若いころ、長野県松本市で夏の二ヶ月、バスの車掌のアルバイトをしていた。「信州は夏でも涼しいだろう」と高をくくって現地に赴いたが、「盆地の夏」の厳しい暑さに打ちのめされた。ただし、夕方になると、一気に涼風が山から舞い下りてくる。寒暖の差が激しく、それを、体で知ることができたのは、よい体験になった。それぞれの土地に、異なる気象のあることを、思い知らされたのである。

日本は、変化に富んだ多くの地域から成り立っている。たとえば、新潟県は世界でも有数の豪雪地帯だが、トンネルを通って関東（群馬県）に出ただけで、乾いた青空が待っている。こんな状況は、地図を見ているだけではまったくわからない。知識では分かっているつもりでも、実際に電車に乗って、ふたつの世界の切り替わりを体験してみなければ、本当のことは分からないのである。

だから邪馬台国論争を熱弁し、自説を得意げに展開する輩《やから》には、必ず「それはそうと、纒向遺跡の石塚古墳は行かれましたか？」「久留米市の高良山の展望台は？」「対馬は？　香椎宮は？」と矢継ぎ早に問いただしてみる。机上の空論など、聞いていても意味がないからだ。

どうかひとつ、本ばかり読んでいないで、日本中を歩き回ってほしい。そして、その土地その土地で手ぐすね引いて待っている歴史の敗者の声に耳を傾けてほしい。恨みを抱く罪なき亡霊たちの叫びに、気付いてほしい。歴史の真実は、必ず伝わってくるはずだ。

なお今回の執筆にあたり、ＫＫベストセラーズ書籍編集部の川本悟史氏、歴史作家の梅澤恵美子氏に御尽力いただきました。改めてお礼申し上げます。

合掌

平成二十八年十一月

《参考文献》

『古事記祝詞』日本古典文学大系（岩波書店）
『日本書紀』日本古典文学大系（岩波書店）
『風土記』日本古典文学大系（岩波書店）
『萬葉集』日本古典文学大系（岩波書店）
『続日本紀』新日本古典文学大系（岩波書店）
『魏志倭人伝・後漢書倭伝・宋書倭国伝・隋書倭国伝』石原道博編訳（岩波書店）
『旧唐書倭国日本伝・宋史日本伝・元史日本伝』石原道博編訳（岩波書店）
『三国史記倭人伝』佐伯有清編訳（岩波書店）
『先代舊事本紀』大野七三（新人物往来社）
『日本の神々』谷川健一編（白水社）
『神道大系神社編』（神道大系編纂会）
『古語拾遺』斎部広成撰　西宮一民校注（岩波文庫）
『藤氏家伝　注釈と研究』沖森卓也　佐藤信　矢嶋泉（吉川弘文館）
『日本書紀①②③』新編日本古典文学全集（小学館）
『古事記』新編日本古典文学全集（小学館）
『倭人への道』中橋孝博（吉川弘文館）
『新邪馬台国論』大和岩雄（大和書房）
『古代国家はこうして生まれた』都出比呂志編（角川書店）

『東西／南北考』赤坂憲雄（岩波新書）
『日本の地形・地質』全国地質調査業協会連合会編（鹿島出版会）
『日本史の謎は「地形」で解ける』竹村公太郎（ＰＨＰ文庫）
『白鳥伝説』谷川健一（集英社文庫）
『大嘗祭』吉野裕子（弘文堂）
『「前方後方墳」出現社会の研究』植田文雄（学生社）
『弥生文化の成立』金関恕（角川選書）
『東と西海と山』大林太良（小学館）
『但馬国から邪馬台国へ』宮下豊（新人物往来社）
『日鮮神話伝説の研究　三品彰英論文集第四巻』三品彰英（平凡社）
『高良山史』太田亮（神道史学会）
『続・神々の体系』上山春平（中公新書）
『騎馬民族は来なかった』佐原真（日本放送出版協会）
『日本古代王朝史論序説［新版］』水野祐（早稲田大学出版部）
『ピラミッドはなぜつくられたか』高津道昭（新潮選書）
『日本史の謎は「地形」で解ける［文明・文化篇］』竹村公太郎（ＰＨＰ文庫）
『巨大古墳の世紀』森浩一（岩波新書）
『古代道路の謎』近江俊秀（祥伝社新書）

地《ち》形《けい》で読《よ》み解《と》く
古《こ》代《だい》史《し》

2016年12月5日　初版第1刷発行

著　者　関《せき》裕《ゆう》二《じ》

発行者　栗原武夫
発行所　KKベストセラーズ
〒170-8457
東京都豊島区南大塚二丁目二九番七号
電　話　03-5976-9121(代表)
http://www.kk-bestsellers.com/

印刷所　錦明印刷株式会社
製本所　株式会社積信堂
DTP・地図製作　アクアスピリット
装　丁　木村慎二郎

ISBN 978-4-584-13761-1　C0021